JN213751

役割演技

考え、議論する道徳を彩る

赤堀博行［編著］

東洋館出版社

はじめに

平成27（2015）年3月27日に、学校教育法施行規則が改正され、小・中学校の一領域としての「道徳」が「特別の教科である道徳」と改められ、「道徳の時間」が「特別の教科　道徳」として学習指導要領に位置付けられました。この他教科に先駆けて行われた学習指導要領の一部改訂が、道徳の特別の教科化です。

道徳の教科化は、平成25（2013）年の教育再生実行会議の報告から具体的に動き出すことになりましたが、教科化の議論は平成12（2000）年の教育改革国民会議、平成19（2007）年の教育再生会議などでも度々行われてきました。

教育再生実行会議の提言では、いじめ問題等への対応として、「心と体の調和の取れた人間の育成に社会全体で取り組む。道徳を新たな枠組みによって教科化し、人間性に深く迫る教育を行う」として、道徳授業の改善にも言及しました。

具体的には、「指導内容や指導方法に関し、学校や教員によって充実度に差があり、所期の目的が十分に果たされていない状況」が指摘され、道徳授業を要とした道徳教育の充実を期して、道徳の教材の抜本的な充実、道徳の特性を踏まえた新たな枠組みによる教科化、指導内容の充実、効果的な指導方法の明確化を記しています。

これを受けて設置された「道徳教育の充実に関する懇談会」の報告においても、道徳的実践力を育成するための具体的な動作等を取り入れた指導や問題解決的な指導等の充実を取り上げています。そして、表現活動を通して道徳的価値についての共感的な理解を深めるために、子どもに特定の役割を与えて即興的に演技する役割演技（ロールプレイ）や、実生活の中でのコミュニケーションに係る具体的な動作や所作の在り方等に関する学習、問題解決的な学習などの動的な活動の調和的な活用の重要性を述べています。

この報告を受けた文部科学大臣は、中央教育審議会に道徳に係る教育課程の改善等について諮問しましたが、ここでも道徳授業の指導方法が検討内容になっていました。

中央教育審議会は平成26（２０１４）年に「道徳に係る教育課程の改善等について」答申しましたが、指導方法については、多様で効果的な指導方法の積極的な導入を促しました。

読み物の登場人物の心情理解のみに偏った形式的な指導や、いたずらに望ましいと思われる分かりきったことを言わせたり書かせたりする指導を授業改善のための課題として、道徳的習慣や道徳的行為に関する指導、問題解決的な学習や体験的な学習、役割演技やコミュニケーションに係る具体的な動作や所作の在り方等に関する学習などの指導を取り入れることも重要であるとしました。

道徳の特別の教科化の下での学習指導要領の改訂によって、「第3指導計画の作成と内容の取扱い」の2⑸に、子どもの発達の段階や特性等を考慮し、指導のねらいに即して、問題解決的な学習、道徳的行為に関する体験的な学習等を適切に取り入れるなど、指導方法を工夫することを明示しました。そして、『学習指導要領解説　特別の教科道徳編』においても、読み物教材等を活用した場合には、その教材に登場する人物等の言動を即興的に演技して考える役割演技など、疑似体験的な表現活動を取り入れた学習も考えられることを明示したのです。

役割演技は、これまでも道徳授業において活用されてきましたが、道徳的行為に関する体験的な学習等を適切に取り入れようとする意図から、役割演技を取り入れた授業が多く見られるようになりました。それらの授業の中には、教材中の登場人物の動作を模倣させたり、教材中の状況をそのまま再現させたりする学習活動も散見され、これらを役割演技と称する学習指導案も少なくありませんでした。また、道徳科の授業で役割演技を活用したいが不安がある、実際の効果的な役割演技を参考にしたいなどの声も多く聞かれるようになりました。

こうした状況の中で、道徳科の授業改善及び道徳科授業の活性化に資するために、教材に登場する人物等の言動を即興的に演技して考える役割演技の基本的な考え方と、役割演技を活用した授業実践をまとめて書籍にすることとしました。多くの先生の道徳科の授業改善、充実の参考となれば幸いです。

本書を上梓するに当たって、ご尽力賜りました東洋館出版社、近藤智昭氏に心より感謝いたします。

令和6年12月吉日

赤堀　博行

Contents

第3章 役割演技の多様な手法

第4章 道徳科における役割演技

第5章 道徳科で活用する役割演技の実際

第1章

道徳授業と役割演技

1 文部省指導書・学習指導要領解説に見られる役割演技

役割演技は、指導書（現在の解説に該当するもの）や学習指導要領解説に、道徳科の授業の指導方法の一つとして例示されています。そこで、それらに記されている指導方法としての役割演技を概観することにします。

1 小学校道徳指導書（昭和33（1958）年）

昭和33（1958）年は、小学校及び中学校の教育課程に新しい指導領域として道徳の時間が位置付けられた年です。そして、告示の形をとって刊行された『小学校学習指導要領道徳編』によって、道徳の時間の目標、内容及び取扱上の要点が明らかにされました。道徳の時間が新たに位置付けられた教科であることを勘案して、指導書にはいくつかの指導方法が示されています。具体的には、話合い、教師の説話、読み物の利用、視聴覚教材の利用、劇化、実践活動です。

一つの指導方法として例示された劇化については、子どもが興味・関心を示す劇的な表現活動であり、演技などを通して主題について考えることは内容理解を具体的に深める効果があるとされました。また、観衆の前で役割取得をして演技することは、行動や意識の主体としての自我の自覚と他者理解の深化にも有効と記されています。

道徳の時間の設置に際して、役割演技は劇化の一つとして示されたのです。具体的には、脚本を用いない即興的な演技として、個人的な問題を扱う場合を心理劇、社会的な問題を扱う場合を社会劇などと呼ぶことがあるとしています。その進め方は、およそのテーマと条件設定により、子どもに自由に演劇させるものですが、単に観念的に考えたり、話し合ったりするのではなく、当面の問題を多面的に見直し、解決を追求する上で効果があるとしています。

また、指導書には、新たに設置された道徳の時間の授業を行うに当たって、教師が実際の指導の参考となるように、学年ごとに学習指導案を3例と指導記録1例が示されました。これらの授業例では、指導の多様な類型が見られるように、主題の種類、指導時間、指導方法、年間指導計画との関係、他の教育活動との関係などを考慮しています。

そして、これらの事例の中には、劇化を指導方法としたものも示されています。以下、その具体例を紹介します。

▼第3学年指導案（その2）

主題「そうじ当番」　時間：45分

①設定の理由

本校では第3学年から、そうじ当番の組分けを作ってそうじを実施している。初めのうちは喜んで仕事に参加するが、慣れるにつれて仕事の責任や分担を果さないものも現れてくる。また仕事のしかたや用具のあと始末が、とかく粗雑になりがちなので、年間指導計画にこの主題を設けてある。そこで、近ごろの学級児童のそうじ当番の反省を手がかりとして、この時間の指導を展開することとした。

②ねらい

学級の仕事に責任を持つようにさせるとともに、みんなで協力する態度を育てる。

③展開

■近ごろのそうじ当番の状況について話し合う。

・近ごろの当番の仕事で気のついたこと。
・よいと思われる点はどんなことか。
・よくないと思われる点はどんなことか。
・責任や協力など仕事の態度はどうか。
■児童劇「そうじ当番」を脚本に従って読み合わせすることを話し、希望者5名にそれぞれ脚本を渡して、やらせる。
・班長（男）そうじの分担を班員に指示する。自分はいばっていて、仕事はやらない。
・班員（男A）ふざけ回ってそうじをしない。
・班員（男B）なまけている人に注意したり、他の人と協力して熱心にそうじをする。
・班員（女C）分担についての不平を言い、なまけていて班長と言い争う。
・班員（女D）黙って仕事を熱心にやる。
〈あらすじ〉

仕事をおおざっぱにしようとするAに対し、Bが忠告したことからふたりの言い争い——CはAに、DはBに味方して口論——班長もAに味方し、早くやめて野球に行こうという。

—けっきょく、仕事のしかたについて意見がまとまらず、４人がばらばらに四つの列をそうじする。Ａが机を押したため自分の指をはさんでけがをして泣きだす。—Ｄはすぐ手当をしてやり、ＢはＡを保健室に連れて行く。—ふたたび４人のそうじ—Ａは黙って仕事をし、ＣはＤの列も手伝う。—Ｄがうれしくなって歌を歌う。—班長はとめるが、ついつりこまれる。低い歌声が皆の間から出るころ仕事が終わる。

■この劇を中心にして、それぞれの立場を批判させ話し合う。

・班長の言い分や行動について。

・班員の言い分や行動について。

・仕事の協力のしかたについて。

■どうしたら当番の仕事がよくできるかをみんなで考える。

・ひとりひとりのそうじのしかたや態度について反省する。

・当番にあたる全員の協力について反省する。

・そうじ当番以外の学級の仕事に対する責任や協力について考える。

④留意点

■当番の仕事を反省する際、児童相互の感情的な個人攻撃にならないようにする。

■劇の役割は児童の希望によるが、平素そうじをよくやらない者を、劇中の「なまけ者」の役になるべく回さないように配慮する。
■当番の仕事について学級として改善すべき問題、たとえば、仕事の分担と人員、用具の補充、仕事の手順や方法、当番日誌の利用などは、あとで学級会で討議し解決させる予定で、この時間には、その点まで触れないようにする。

小学校学習指導要領の全面的実施によって、昭和36（1961）年に刊行された『小学校道徳指導書』においても、劇化の内容は踏襲されています。昭和37（1962）年には、文部大臣が道徳の時間の特設以来、指導内容や指導方法に苦慮している教師が少なくないことを鑑み、読み物教材の提供を中心とした学校における道徳教育の充実方策について教育課程審議会に諮問しました。

これを受けて同審議会では慎重な審議がなされ、昭和38（1963）年7月に「学校における道徳教育の充実方策について」答申しました。そこには、充実方策として教師用指導資料の提供、児童生徒用読み物資料の使用などが示されました。

この答申に基づき、文部省は、昭和39（1964）年から昭和41（1966）年にかけて『道徳の指導資料』（第1集～第3集）を学年別に作成して、全国の学校に配布しました。この施策は、道徳の時間の指導に資するものでしたが、道徳教育、とりわけ道徳の時間の指導の充実を図るためには、個々の教師の一層の指導力向上が重要とされたのです。

そこで、昭和36年に刊行された『小学校道徳指導書』に示された趣旨を徹底させ、各学校における道徳教育の質的向上を図るために、道徳指導の基本的な考え方、全体計画及び年間指導計画の作成、指導過程の構成、資料の選択などに関する事項を解説した『小学校　道徳指導の諸問題』を刊行しました。

2　小学校　道徳指導の諸問題（昭和42（1967）年）

この指導資料には、道徳の時間における指導の諸方法として、「道徳の時間の指導が、とかく一定の形式に流れ、固定化しやすいといわれるが、それを避けるためには指導の諸方法をどのように活用すればよいか」とした課題が掲げられ、「話合い」「読み物の利用」「視聴覚教材の利用」「劇化」についての留意点が示されました。

「劇化」についての留意点は、劇化は子どもの興味・関心を高め、考えるべき問題を具体的に把握させる上で効果的であるが、子どもが劇化に習熟していない場合には、いたずらに教室内が騒然となり、期待するほどの効果が得られないこともあるとしています。このことから、劇化の指導を重ねることで、劇には問題の発現、問題の進展、問題の終結の三つの節があることを子どもに体得させ、劇化の効果をあげるよう配慮することの必要性を示しました。

指導の際には、劇化の内容をすべての子どもに簡明に指示した上で、最小限の演出の約束、劇を見る心構えなどを示してから実施するものとしています。そして、ともすると意見のやりとりに終始しがちな道徳の時間の傾向を是正するためにも、劇化独自の魅力と効果を十分に生かすような工夫が必要であるとまとめています。

ここでは、役割演技に特化した記述はありませんが、前述の『道徳の指導資料』（第1集〜第3集）に掲載されている教材については、主題名、内容項目、主な指導方法、資料名が示されています。劇化を指導方法としているものは次ページの表の通りです。

これらの主題から、第1学年の「わがまま」と第3学年の「なわとび」を例示します。

表　劇化を指導方法としている教材

学年	資料	主題名	内容	資料名
1	1	わがまま	14	いっぽんばしのやぎ
1	1	病気のとき	33	
2	1	もう読ませてあげない	30	
3	1	なわとび	27	なわとび
4	1	キックボール	27	

※内容は、以下の通りです。

⒁　わがままな行動をしないで、節度のある生活をする。

㉗　自分の好ききらいや利害にとらわれずに、公正にふるまうとともに、だれに対しても公平な態度をとる。

㉚　権利を正しく主張するとともに、自分の果たすべき義務は確実に果たす。

㉝　家族の人々を敬愛し、よい家庭を作りあげようとする。

▼第1学年　わがまま

・資料名　「いっぽんばしのやぎ」

・ねらい　わがままをすると、友だちや家の人に迷惑をかけ、同時に自分も困ることになることをわからせ、仲よくするにはどのように行動すればよいかを理解させる。

・展開の大要

①「いっぽんばしのやぎ」の話を四枚の絵を使って、説話する。

■一本橋の上で出会った二匹のやぎが、お互いにゆずらず、川に落ちてしまった。

②うまく、一本橋を渡るには、どうするのがよいか話し合う。

・橋のまん中で、じゃんけんをして決める。

・おしあいをして勝ったほうが渡る。

・渡る前にじゃんけんをする。

・渡る前にゆずりあって渡る。

③いろいろな方法を劇化させ、興味をもたせながら、よりよい方法を考えさせるようにする。

④わがままをしたり、されたりした経験を発表させ、どのように解決したかについて

話し合う。
・テレビのチャンネルのうばいあい。
・遊び道具の取りっこなど。
⑤児童の経験した争いのなかから一つの場面を設定し、劇化させる。
■テレビのチャンネルのうばいあいなど。
■わがままをする役とわがままをされる役と役割を逆にして劇をくり返す。
■劇を見て考えたことを話し合う。
・わがままされるほうの立場になって考えてみる。
・わがままをするといやがられる。
・わがままをすると周囲のものまでが、おもしろくなくなる。
⑥教師の説話によって、まとめる。

・**指導上の留意点**
①イソップ童話「いっぽんばしのやぎ」は、すでに知っている児童が多いと思うから、導入段階の話は、話を思い出させる程度でよい。
②学習の中心は、劇化のところにおくが、第一の劇化（展開③）はごく簡単に行い、

展開④の劇化に重点をおく。

▼第3学年　なわとび

・資料名「なわとび」

・ねらい　自分の好き嫌いや利害にとらわれず、だれとでもわけへだてなく公正に交わろうとする態度を養う。

・展開の大要

①友だちとの交わりで、問題になったことを話し合う。

■近ごろどんな遊びをしているか。

■遊んでいて、けんかをしたり、仲間はずれをしたりずるいことをしていやな思いをしたことはないか。

②「なわとび」の劇をやる。

〈劇の説明〉

■ところ　校庭

■とき　昼休み
■出る人　女の子四人（A、B、C、Dとする。）
■用意するもの　なわとびのなわ

1　AとBは仲がよい。
2　Aのなわで、なわとびをしている。
3　AとDがもち番で、次に代われるのはA。
4　Aは早く代ろうと、回し方が悪くなる。
5　Cがひっかかる。今のはAの回し方が悪かったのだという。
6　BはAに味方をして、アウトだという。
7　DはAのなわだし、早く代れるので迷うがAに味方をする。
8　Cはおこって先生に言うと言って走り去る。

劇の役割を決めて演じさせる。

③劇を見て話し合う。

■Cはアウトだろうか、セーフだろうか。
■Cの気持ちはどんなだろうか。

・自分が正しいと思っているのに相手がみな不正にくみしているのは、くやしいし、さびしいし、たまらない気持ちになる。
■他の三人の態度で、問題となるのはどんなところか。
・ずるいことをして、早く代ろうとするのはよくない。
・好きな友だちだからというので正しくないことに味方をするのは、不正を行うのと同じほどに悪い。
・Ａさんのなわだからといって、Ａに味方するのはまちがっている。
■みんなにも、こんなことをしたことはないか。したあとでどうなったか。
・好きなものどうしで遊ぼうとしてほかの人を入れなかった。
・――みんなに言われて、しなければよかったと思った。――言い負かしたけど、嫌な気持ちがした。
・仲間はずれにされたとき、とてもくやしかった、さびしかった、悲しかった。
④これからの態度を話し合いまとめる。
■好きだから、きらいだからで、わけへだてをしない。
■自分の損得からまちがったことをしないようにする。

・指導上の留意点

①展開の①では、こどもの発言のなかから、ねらいにあった、しかも次の劇の手がかりになるような問題を取り上げて焦点づけたい。

②「劇の説明」の項は、要旨だけをしるしてあるが、実際には、児童の経験に即して、せりふなどを自由につけさせ、現実場面を再現するように努める。

③劇中、Dが迷うところが、この争いの解決の足がかりになるものであるから、展開③の話合いでも、Dの立場に立って考えさせるようにする。

この劇は役割演技に組まれているが、以上の話合いによって、その効果をあげるように努める。

④この展開の焦点は、展開③に置かれる。みんなが相手の気持ちになって仲よくするためにという、共通の願いの上に立って話合いを進めさせる。

第1学年の指導例で目指すのは、「わがままをしないようにすること」、第3学年の指導例では「不公平な態度をとらないようにすること」であり、子どもの行動変容を目指したものと言えます。ねらいの対象は、今日の道徳科が目指す内面的資質としての道徳性とは異なりますが、これは、当時の道徳の時間には、「日常生活の基本的な行動様式を理解し、これを身につけるように導く」という具体的な目標があったことから、このような事例が示されたものと考えられます。

3 小学校指導書　道徳編（昭和44（1969）年）

昭和44（1969）年告示の学習指導要領の指導書は、告示の翌年に発行されました。この指導書に記されている指導の諸方法では、「劇化」から「役割演技」と改められています。

具体的な内容は、演技的な行動を通して子どもを授業に参加させることで、道徳的価値に関わる問題の理解を具体的に深め、学習成果を保持させる効果があるとしています。また、級友の前で特定の役割になりきって演技することは、自分の立場を自覚すると同時に他人の立場を理解するのにも役立ち、仲間との相互理解や信頼感を深め、望ましい仲間意識を育てる助けにもなると説明しています。さらに、訓戒や叱責などのように、現実の場面では子どもに抵抗を示す問題でも、演技の形を通すことにより、受け入れが容易になるとの補説もあります。

そして、役割演技の手法として、実際の行動場面を再現させるもの、一定の条件のもとに自由に行わせるもの、当面の問題に関する即興的なものを例示し、観念的に考えたり話し合ったりする場合と違って、問題を多面的、具体的に見直させて問題の解決につながる利点があるとしています。

また、役割演技の配慮事項としては、演技の巧拙に固執せず子どもにのびのびと演技させるよう配慮すること、演技の役割や見る心構えなどをすべての子どもに簡明に指示することが大切であることを挙げています。最後に、低学年段階では動作化を適切に取り入れることも有効であることを加えています。

4 小学校指導書 道徳編（昭和53（1978）年）

昭和52（1977）年告示の学習指導要領の指導書においても、「役割演技」として指導方法が示されていますが、その内容は相当に加筆が施されています。

具体的には、役割演技は、ねらいとする道徳的価値の理解を具体的に深めることができること、望ましい生活の在り方を考えさせる上で効果があること、役割交代を行うことによって他人の立場を理解することに役立つこと、体験的に現実を直視させることで自ら望ましい行動を選択し、実践しようとする意欲を高めることにも効果があることです。

また、役割演技は、即興的な表現活動を中心とすること、効果を一層高めるために、平素から劇的な表現活動に慣れさせたり、自由な雰囲気を醸成したりすること、個々の子どもの実態を把握するように努める必要があることが追記されました。

5 小学校指導書　道徳編（平成元（1989）年）

平成元年告示の学習指導要領の指導書では、指導方法と指導の工夫として役割演技が記されていますが、その内容は極めて簡易になっています。

道徳的価値の理解を、共感的な理解とするなどの加筆も認められますが、役割交代や自己の自覚、体験的に現実を直視させる、子どもが役割になりきることで抵抗なく演ずることができることなどの解説は削除されています。

こうした対応は、学校における適切な役割演技の活用にはマイナスと言わざるを得ないでしょう。一方、平成２（１９９０）年に文部省から刊行された『小学校　道徳教育指導上の諸問題』には、指導計画例などに役割演技の文言が散見されます。

また、「指導方法の工夫」として「児童の多様な発言を引き出すには、どのような配慮が必要か」においては、多様な発言を引き出す表現方法の工夫として、「役割演技や動作化など」として、ある場面の状況で自分の感じたことや考えたことを言葉だけでなく、身体を使って表現するものと説明し、共感的な理解を深め、子ども自らに道徳的心情や道徳的判断について考えさせる上で効果があるとしています。

6 小学校学習指導要領解説　道徳編（平成11（１９９９）年）

平成10（１９９８）年告示の学習指導要領からは「指導書」が「解説」と改められました。この中では、役割演技の表記は、「様々な立場について考える役割演技」「学習への興味の喚起や動機付けの工夫としての簡単な役割演技」の二箇所となりました。

そして、これまで「指導方法と指導の工夫」として具体的な指導方法を明示していたものが、「心に響き心が動く指導法の創意工夫」と曖昧模糊《もこ》な記述となり、「表現の工夫」の中に、「特定の役割を与えて即興的に演技する工夫」「動きやせりふの真似をして理解を深める動作化や劇化の工夫」が示されました。「特定の役割を与えて即興的に演技する」指導方法は正に「役割演技」ですが、あえてこの表現を避けていたように思えました。

7　小学校学習指導要領解説　道徳編（平成20（2008）年）

平成20年の解説でも、役割演技の表記は二箇所でした。一つは、改善の具体的事項として、小学校高学年や中学校の段階で、社会的自立に関する学習について効果的な指導を行うため、役割演技など具体的な場面を通した表現活動を生かすといった指導方法が必要であるとしている箇所、二つは、多様な学習指導の構想における体験の生かし方の工夫に関して、役割演技を例示している箇所です。

8 小学校学習指導要領解説　特別の教科　道徳編（平成29（2017）年）

今次の学習指導要領の解説では、新たに例示された「道徳的行為に関する体験的な学習」において、「役割演技など疑似体験的な表現活動を取り入れた学習」が示されています。

また、道徳科に生かす指導方法の工夫の一つに、「動作化、役割演技など表現活動の工夫」が位置付けられ、子どもに特定の役割を与えて即興的に演技する役割演技の工夫として記されました。

特に、今回の改訂で、問題解決的な学習と共に例示された道徳的行為に関する体験的な学習の一つとして役割演技が示されたことで、多くの学校の道徳科の授業において、指導方法の一つとして、役割演技の活用が見られるようになったものと考えられます。

2 道徳授業における劇化と動作化

1 劇化

前述の通り、道徳の時間の特設に際して、『小学校指導書』に指導方法の一つとして例示された「劇化」の解説に役割演技が記されていました。そこで、劇化について考えてみることにします。

劇は、演者が演じるために必要な情報が書かれている台本に従って演技することです。そして、劇化は、出来事などを劇の形にすることです。

道徳科では、ねらいとする道徳的価値に関わる登場人物の行為を含んだ読み物教材が広く用いられています。道徳科における劇化は、教材の内容を劇の形に変えるものと言えます。

道徳科において劇化を活用する意図としては、次のようなものが考えられます。

①子どもが自分事として道徳的価値について考えられるようにするために、教材の内容、あるいは、考えさせたい場面、状況を演じることで理解させる

子どもが自分事として道徳的価値を捉えられるようにするためには、ねらいとする道徳的価値を含んだ事象が描かれている教材を十分に理解する必要があります。教材中の場面状況を把握することで、自分との関わりで考えられるようになるのです。

例えば、『絵葉書と切手』（文部省『小学校道徳の指導資料とその利用３』１９８０）で、料金不足の絵葉書を受け取ったひろ子が、そのことを差出人で友達の正子に知らせるか否かを迷う状況で、母や兄から助言を受ける場面があります。授業の中では、友達への忠告という観点から子どもに多様な感じ方、考え方に出会わせることをねらって、迷うひろ子の心の中を想像する学習を展開します。このときに、子どもに母や兄の助言など場面状況を把握させるために、教材の流れに従って子どもにひろ子、母、兄を演じさせます。教材提示における場面、状況の理解を強化するような学習です。

②子どもがねらいとする道徳的価値を実現するよさや実現することの難しさなどを教材の内容から理解できるようにするために、教材中の考えさせたい場面、状況を再現する

授業において道徳的価値の自覚を深めるためには、道徳的価値の理解を図ることが不可欠です。どのように道徳的価値の理解を図るのかは授業者の意図によるところですが、教材中の登場人物が道徳的価値を実現している場面から価値理解を図ったり、登場人物の挫折の場面から人間理解を図ったりする場合は、子どもがその場面、状況を的確に把握しておく必要があります。そこで、その場面を劇化するようにします。

例えば、『はしの上のおおかみ』（文部省『小学校道徳の指導資料第1集第1学年』1964）で、親切にすることのよさや温かさを価値理解として子どもに考えさせる場合に、橋の上でくまがおおかみを抱いて渡す場面やおおかみが動物たちを抱いて渡す場面を劇化します。また、つい意地悪をしてしまいがちな、あるいは意地悪を面白がってしまいがちな弱さを人間理解として子どもに考えさせる場合は、おおかみが動物たちに意地悪をしている場面を劇化することが考えられます。

劇化は、教材の筋書に沿って行われるものであり、特定の場面・状況における登場人物になりきって自由に演じる役割演技とは異なるものです。また、教材の筋書に沿って劇を行うことで、ともすると教材の読み取りと同様の学習になるという懸念があります。活用する教材をただ単に筋書に沿って演じるのであれば、読み取りと変わらない学習になりますが、授業は授業者の意図に基づいて行うものであることから、道徳的価値の自覚を深めるためにどのように劇化を取り入れるのか、明確なねらいをもって活用することが大切になります。

前述の『小学校道徳指導書』から読み取れる劇化のよさとしては、第一に子どもが興味・関心を示す表現活動であること、第二に内容理解を具体的に深める効果があること、第三に行動や意識の主体としての自我の自覚と他者理解の深化にも有効であるということです。

自我については多様に捉えられています。自我と自己の関係は自我が主体で、自己を客体とする考え方があります。哲学では自我を、知覚や思考、意志、行為などの主体として、他者から区別して意識される自分をいう場合が多いようです。また、心理学でも、自我は行動や意識の主体として捉えられていますが、精神分析においては、性衝動と攻撃衝動といった本能的衝動であるイドと、良心や罪悪感などの超自我を統制して、現実の環境に適応させる精神の一側面としています。

『小学校道徳指導書』のいう「自我の自覚」は、文言として後に続く「他者理解」から勘案すると、行為の主体者としての自分を明確に把握することと捉えることができます。劇化のよさの第一に挙げられている子どもが興味・関心を示すことについて、幼児期の劇遊びを行う姿を基に考察すると、子どもは現実的な時間や空間を越えた特別な世界において、自分以外のあらゆるものに成り代わり、よそ行きの意識で振る舞うことができることにおもしろさを感じたり、想像の世界で思いのままに演じる楽しさを味わったりすることを志向していると考えられます。

第二に内容理解を具体的に深める効果とは、単に脚本や台本を読んで内容を理解することではなく、具体的な演技を行ったり、見たりすることで臨場感をもって教材の内容理解を深めることができることを示しているものと考えられます。

2 動作化

文部省『小学校指導書』（昭和44（1969）年）には、前述の通り「役割演技とはやや異なるが、特に低学年段階で動作化を適切に取り入れることも有効である」という記述があります。また、『小学校指導書』（平成元（1989）年）においても、「役割演技とはやや異なるが、特に低学年においては、簡単な動作化を取り入れることも有効である」と示されています。さらに、『小学校学習指導要領解説　道徳編』（平成11（1999）年）には、「動きやせりふの真似をして理解を深める動作化や劇化の工夫」という記述があります。

動作化は、教材中の登場人物などの動作を模擬、模倣したり、それを反復したりすることです。動作化を行うことで、子どもが登場人物になり切って、登場人物の感じ方、考え方などを自分事として考えることをねらっています。

道徳科における動作化を活用する意図としては、次のようなものが考えられます。

①子どもが登場人物に親近感をもって、その感じ方や考え方を自分事として想像できるようにするために、登場人物の動作を模擬・模倣したり、反復したりする

例えば、『二わのことり』（文部省『道徳の指導資料第2集第1学年』1965）を活用して、子どもがみそさざいややまがらの気持ちを想像する学習を行うに当たって、教材提示の前後に、「今日のお話には鳥が出てきますよ。今日は、鳥の気持ちを考えます。さあ、みなさん、鳥になったつもりで羽ばたいてみましょう」と投げ掛け、羽ばたく動作を反復させます。

また、『およげないりすさん』（文部省『道徳の指導資料とその利用3』1980）を活用して、子どもが友達の気持ちを考えずに行動してしまったときの思いを、りすに「りすさんは、およげないから　だめ」と言って島に向かうかめやあひる、はくちょうになり切って考えさせるために、「みなさん、かめたちはだめと言って島に泳いでいきましたね。だめと言った後、かめたちは泳ぎながら、どんなことを考えたかな。かめやあひる、はくちょうになって、泳ぐまねをしてみましょう」と投げ掛けて、子どもに泳ぐ動作を反復させます。このことで子どもは、登場人物を身近に感じて親近感をもち、その気持ちなどを自分との関わりで考えようとする構えができるのです。

②子どもがねらいとする道徳的価値を実現するよさや実現することの難しさなどを、資料の内容から理解できるようにするために、登場人物の動作を模倣、反復させる

これは、劇化による教材中の場面・状況の再現と類似していますが、動作化は一場面の特定の動作を模擬・模倣、反復させる方法です。

例えば、『かぼちゃのつる』（文部省『道徳の指導資料第3集第1学年』１９６６）を活用して、わがまま勝手にして失敗したときの思いを、かぼちゃに託して考えられるようにするために、「かぼちゃはとうとう車にひかれて、つるが切れてしまいましたね。このときのかぼちゃはどんな気持ちかな。かぼちゃは、痛くて痛くて泣いています。みなさん、かぼちゃのまねをして泣いてみましょう」と投げ掛け、模倣させます。このことで、子どもはかぼちゃになり切って、わがままをして失敗してしまったときの気持ちを自分事として考えられるようになるのです。

劇化や動作化は、授業者が明確な意図をもって活用することが何よりも大切です。それと同時に、子どもに演技や動作をさせる際にも、子どもに演技や動作をする目的を明確に示すことが必要になります。子どもが目的意識を感じなければ、せっかくの活動が単なる茶番になることも懸念されるのです。

第2章

役割演技の意義と特質

1 役割演技（ロールプレイング）と心理劇（サイコドラマ）

江橋は、役割演技について、J・L・モレノ（Jacob Levy Moreno）が集団心理療法の技法として草案したサイコドラマ（psychodrama）とソシオドラマ（sociodrama）の構想を取り入れ、応用した指導方法の一つとしています。

モレノは、１９１７年にウィーン大学で医学の学位を取得した後、１９２１年に演劇活動に傾倒する中で、演技に集団精神療法としての治療効果を見出しました。これがサイコドラマの誕生と言われています。その後、１９２７年に医学の道に戻り、１９３２年にニューヨーク郊外に精神科クリニックを開設し、そこがサイコドラマ研修の聖地となりました。モレノは、１９５１年に集団精神療法の国際委員会を組織し、サイコドラマを、ドラマ的な手法によって人間存在の真実及び環境場面の現実を探求する科学と定義しました。さらに、サイコドラマに、ドラマ的手法による集団精神療法の一技法として、即興劇を導入しました。また、モレノは心理劇の中で様々な役割を自発的に演じることを、ロールプレイと呼んでいます。

ロールプレイングは、本来、心理劇の中で様々な役割を演じるものです。なお、昨今、様々な分野で求められるスキルを獲得するために、技術訓練としてロールプレイングが導入されていますが、これらは、プラクティス・ロールプレイング（practice role-playing）と言えます。

心理学者の高良は、サイコドラマについて、演技の場としての舞台空間、演技に際しては、ウォーミングアップの段階、中核としてのドラマの段階、最後のメンバー同士のシェアリングの段階があり、アクションを媒介とした演劇的手法を用いる集団精神療法としています。また、台は、サイコドラマとロールプレイングを区別して、サイコドラマが個人の心の内面の分析に関わる点があるのに対して、ロールプレイングは参加者の社会性の発達や教育・指導面を強調するとしています。そして、ロールプレイングは、社会的場面での演技を行われることが多いことから社会劇（social drama）とも考えられるが、個々の参加者の成長を引き出すことが主眼であるとしています。

サイコドラマは、昭和26（１９５１）年に心理学者であった横浜市立大学助教授の外林とお茶の水女子大学助教授の松村によって「心理劇」として我が国に紹介されたと言われています。なお、この年は、前述のモレノが集団精神療法の国際委員会を組織した年と重なります。外林らが紹介した「心理劇」は、モレノのサイコドラマそのままではなく、我が国の諸状況を勘案してアレンジされたものでした。その後、昭和31（1956）年に、外林らは「心理劇研究会」を発足させ、そこではロールプレイング（role-playing）の研究が行われました。

なお、モレノが創始した心理劇（サイコドラマ）について、高良は「シナリオのない即興劇を取り入れたドラマ的手法による集団精神療法の一技法」と定義しています。したがって、その目的は、精神障害や心身症の患者に対して、対話や訓練などを通して認知、情緒、行動などを改善しようとするものです。この方法において演劇的手法を用いたものが心理劇と言えます。

役割演技は、ロールプレイング（role playing）の和訳です。ロールプレイングについて、心理学分野の辞書編集者であるコルシニ（Corsini, R. J.）が、演劇上のもの、社会学上のもの、偽装的なもの、教育的なものと定義していますが、『小学校学習指導要領道徳編』に示された役割演技は、教育的なものに該当すると言えるでしょう。

コルシニは、心理療法で用いられるロールプレイングには、自己理解やその技能の向上、行動分析のために、観衆の前で役割を担う人物がどのように振る舞うのか、振る舞うべきかを想像上の場面で演じることとしています。そして、心理療法の視点から、ロールプレイングは、以下のような働きをするとしています。

①現実に近い場面設定の中で、ある人が自発的に行動するのを観察することによって、その人を診断したり、理解したりする。
②人がどう行動すべきかを、個人または集団に見せる。
③様々なドラマティックな場面で、ある人に自分自身を演じてもらうことによって、真実の体験を積ませる。
④ある人に自分自身を心理劇としてロールプレイングしてもらう。

こうした定義を基礎として、役割を視点として社会と個人の関係を説明しようとする役割理論の視点から、単に役割を模倣して形式的に役割を取得して演じる段階のロール・テイキング（role-taking）、自ら自発的に役割を演じるロール・プレイング、最終的にそれまでになかった新しい創造的な役割を演じるロール・クリエイティブ（role-creative）であり、この過程全体をロール・トレイニングとしているのです。

2 役割演技の意義

江橋は、役割演技の意義を、次のように定義しています。

> 一人一人の子どもが、個人と個人、個人と学級やグループなどの関係を認識し、所属する集団の発展向上に対する寄与、望ましい人間関係の発展等について考え、そのためにふさわしい行動をとれるようにすること。

このことを、道徳授業を基に考えてみると、一人一人の子どもが、ねらいとする道徳的価値に関わる諸問題について、自分の体験や感じ方、考え方などを振り返ることを通して、自分事として問題の対応策等を考えるようにすることであり、江橋の定義は、道徳性の養成を目指すものと言えそうです。

具体的には、道徳授業において、教材中の特定場面や状況における登場人物を演じることで、子どもがその人物が対人的に、あるいは対集団的にどのように関わっているのかを自らの経験などを基に認識し、問題解決に向かって考える活動を行うということです。

このことで、子どもが自分事として道徳的価値に関わる問題を考え、対話などにより多様な感じ方、考え方に出会うことになります。こうした学習が子どもの一つの体験として生かされ、将来出会うであろう様々な場面・状況において、望ましい人間関係の調整発展、集団への寄与などの道徳的実践となって表れることを期待するものだと考えられます。

3 役割演技の特質

また、江橋は、役割演技の特質を次のように解説しています。

①子ども自ら望ましい行為を選択する能力を身に付けることができる。
②創造的に適応する能力を身に付けることができる。
③自分と他者、自分と集団の認識を深め、相手の立場に立って行動したり、集団との関わりを自覚して行動しようとしたりする態度を育てることができる。

これらを道徳授業に照らして考察してみます。

子ども自ら望ましい行為を選択する能力を身に付けることは、道徳的価値の理解を基に自分を見つめることにつながります。つまり、役割演技における即興的演技は、教材の文脈通りに行うものではなく、子どもの日常生活での自分自身の経験に裏付けられたものであったり、経験から割り出されたものであったりする場合が多くなります。このような即興的演技やその観察などの体験を積むことで、様々な問題場面に出会ったときに望ましい行為を主体的に選択できるようになるものと考えられます。

創造的に適応する能力を身に付けることができることについても、道徳的価値を自分事として捉えることにつながります。即興的演技では、相手の働きかけを想定することが容易ではなく、次々と移り変わる事態に瞬時に対応するためには、決まりきった反応だけでは対応しきれなくなります。そこで、子どもが自分自身の体験やそれに伴う感じ方、考え方を基に新しい事態に対応しようとする中で創造的な活動が促されるのです。

自分と他者、自分と集団の認識を深めて、相手の立場に立って行動したり、集団との関わりを自覚して行動しようとしたりする態度を育てることは、道徳的価値の理解である他者理解、つまり、道徳的価値に関わる多様な感じ方、考え方を知ることにつながるものです。

子どもが即興的演技を行ったり、その演技を観察したり、役割交代を行ったりすることで、自他の感じ方、考え方の違いを認識し、道徳的価値に対する多面的な理解を深めることが期待できるのです。

道徳授業で役割演技を活用するねらいは、道徳的価値を実現するよさや難しさなどを理解したり、子どもが自分事として道徳的価値を捉え、自己理解を深めたりすることです。そのため、子どもに役割演技を行うための条件設定を行い、明確に役割をもって即興的に演技したり、ねらいとする道徳的価値を自分の経験などを基に考えたりする役割演技は有効と言えるでしょう。

また、演技後の話合いで道徳的価値の理解を深めることなど、道徳科の特質を生かす上で有効な指導方法であると言えます。役割演技を効果的に行うためには、授業者が役割演技の意義や特質をよく理解して、自らの指導観を明確にした上で活用することが重要です。

4 役割演技を活用するための基本的な条件

役割演技を活用するためには、次のような基本的な条件が求められます。

1 授業者が役割演技を正しく理解していること

道徳科で役割演技を活用することは、いわゆる「心理劇」や「社会劇」をそのまま取り入れるのではありません。ねらいに含まれる一定の道徳的価値についての理解を基に、自己を見つめ、物事を多面的・多角的に考え、自己の生き方についての考えを深める学習を通して、内面的資質としての道徳性を主体的に養っていくといった道徳科の特質を生かすために有効であると考えられる場合に、役割演技を活用することが大切です。

2 授業者が一人一人の子どもを深く理解していること

日常の子どもの言動から道徳的価値に関わる感じ方、考え方を把握するとともに、劇などの表現活動に関わる子どもの実態も把握しておくことが必要です。

3 授業者と子どもとの間に信頼関係が保たれていること

子どもが設定された条件の中で、自分の思いを伸び伸びと表現できるように、教師と子どもの信頼関係が構築されていることが大切です。

4 劇などの表現がしやすい環境が整備されていること。また、他の教育活動においても劇的活動を行うようにしていること

教室にパペットや小道具などを用意して、道徳科以外の教育活動でも教師と子ども、また、子ども同士がコミュニケーションをとる手段とすることが考えられます。

5 計画的、発展的に行われるような配慮がされていること

道徳科における役割演技の活用は、それ自体が目的ではなく、手段であることを押さえることが大切です。したがって、思い付きで役割演技を取り入れても効果は期待できません。年間指導計画に位置付けるなどして、効果的に活用することが大切です。

5 役割演技活用上の基本的事項と授業者の役割

1 役割演技活用上の基本的事項

役割演技は、役割と場面とを設定しておくだけで、子どもに自由に演じさせるものですが、実際に役割演技を活用するためには、次のような基本的事項を押さえることが求められます。

①即興性の重視による自分自身の振り返り

一定の条件の下で行う即興的演技では、新しい事態への瞬時の対応が求められます。相手の言動に対する応答などは、自分のこれまでの体験に基づかざるを得ません。即興的演技により自分自身の感じ方や考え方を自覚できるようにすることが求められます。

②役割交代による多様な感じ方、考え方の把握

一人の子どもが異なった立場で役割演技を行うことにより、自分と異なる立場や思い、感じ方や考え方を尊重したり、それらを理解しようとしたりするなど、多様な感じ方、考え方に出会うことで多面的・多角的に道徳的価値を考えようとする態度が育成されます。

③中断法による道徳的価値の理解の深化

必要に応じて、授業者が演技を中断させて、問いを投げ掛けたり、助言したりするなどして話合いを深めるようにします。演技をしている子どもとそれを見ている観衆の子どもが話し合うことにより、道徳的価値のよさや実現することの困難さ、道徳的価値観の多様さなど、道徳的価値の理解を深めることが促されます。

④演技の巧拙にかかわらず、誰でも行える方法

役割演技は、巧みな演技を求めるものではありません。子どもが日常的な生活経験を基に、日頃自分が行っているように話したり、振舞ったりすればよいのです。ただし、演じている子どもの言葉や動作などは、それらを見ている観衆の子どもが理解できるよううすることが基本であり、適切な声量など必要最低限の指導は必要になります。このことを子どもに十分理解させなければなりません。

2 役割演技活用上の授業者の役割

江橋は、道徳授業で役割演技を活用する際の授業者の配慮事項として、次のようなことを示しています。

①役割演技や話合いがねらいとする道徳的価値から逸脱しないように配慮する

道徳科の授業では、授業者の明確な指導観の下、道徳的価値についての理解を基に、自己を見つめ、物事を多面的・多角的に考え、自己の生き方についての考えを深めるといった道徳的価値の自覚を深める学習が展開されます。子どもの演技や演技後の話合いは、ねらいとする道徳的価値の自覚が深まるようにすることが必要です。子どもの学習活動をコーディネートすることは、授業者の役割です。なお、このことは、教師主体の一方的な指導とは異なります。

②演技や話合いによって、特定の子どもが誤解を受けないように配慮する

道徳的価値の自覚を深めるために行った役割演技によって、子ども同士の人間関係に支障をきたしては本末転倒です。演技に際しては、一定の条件を設定して、演ずる子どもがその役になりきって演じるように指導することが大切です。同時に、演技後は学級

の子どもが認識できるように、明確に役割を解くように配慮する必要があります。

③演技者と観衆の子どもとのパイプ役として助言や励ましなど円滑な進行を行う

役割演技は、当然ながら演じる子どもだけが道徳的価値について考えればよいというものではありません。演技を見ている観衆の子どもには、演技を見る視点を明確に示しておくことが重要です。そして、道徳的価値の理解を図るなど道徳的価値の自覚が深まるように、適宜助言をするようにします。

④演技する子どもと観衆の子どもの双方を十分に観察するように配慮する

授業者は、指導の際に役割演技で子どもがどのような学びをすればよいのか、期待する子どもの姿を明確にもつことが必要になります。このことは、演じる子どもに対しても、観衆の子どもに対しても求められることです。授業者は、明確な視点をもって子どもの学習状況を観察するようにします。

6 役割演技の具体的な進め方

役割演技の具体的な進め方は、概ね次の通りです。

1 ウォーミングアップ

ウォーミングアップは、子どもが役割演技を行うための雰囲気づくりです。子どもの緊張をほぐしたり、演じる立場それぞれの役割を理解したりするために行うものです。例えば、『二わのことり』の授業で、子どもを鳥のように羽ばたかせたり、鳥のさえずりを行わせたりして緊張をほぐすことが挙げられます。

2 条件設定

役割演技を行わせる問題場面を示して、場面の状況、登場人物の役割などの条件設定を行い、子どもに理解させることが大切です。

役割演技を活用する意図は授業者の指導観によることが基本ですが、例えば『はしの上のおおかみ』であれば、おおかみとくまが出会った場面、『ないた赤おに』であれば、赤おにが人間と友達になりたいと青おにに相談をもちかける場面などと、授業者が子どもに考えさせたい場面を明確に示すようにします。道徳的価値の実現と個人の要求が対立する場面や、個人と個人の要求や立場が対立する場面などが役割演技を行う場面としては相応しいと言われていますが、あくまでも授業者の明確な指導観の下に行うことが重要です。

この場合の条件設定は、演技をする子どもだけでなく、演技を見ている観衆の子どもにも十分認識させるようにすることが大切です。そして、観衆の子どもも、もし自分であればどう演じるか、何と語るかなどを考えるような構えをもたせることが不可欠です。

3 役割や条件に即した即興的演技

授業者は、役割演技を行う子どもが、それぞれの役割や場面の状況などを十分に把握した上で、即興的な演技を行うように配慮することが大切です。

4 演技の中断と話合い

ねらいとする道徳的価値に関わる問題に応じて、演技を中断して、授業者の助言を基に、演技者と観衆の子どもとの話合いを深めるようにします。このような話合いによって、子どもはねらいとする道徳的価値に関わる多様な感じ方、考え方に触れることになります。このことが、道徳的価値の理解、とりわけ他者理解を深めることにつながるのです。

5 役割交代

役割交代は、役割演技を行った子どもが、お互いの役割を交代して演技を行うものです。自分と異なった立場や感じ方、考え方などに対する認識を深めるようにします。このことが、道徳的価値の多面的・多角的な理解につながります。

6 演技の終了と話合い

演技を行った子どもとそれを見ていた観衆の子どものねらいとする道徳的価値に関わる感じ方、考え方を中心に話し合って、道徳的価値の理解を深めるようにします。

このような役割演技の進め方、言い換えれば役割演技の学習過程が考えられます。このことを理解した上で、授業者の意図により適切に役割演技を活用するようにします。

第3章

役割演技の多様な手法

1 場面を設定し、役割を与えて演じさせる手法

役割演技には、これまで述べてきた意義や特質、基本的な条件などがあります。実際の活用については、授業者の明確な指導観を基に、子どもに考えさせるべきことを明らかにして、創意工夫をこらして役割演技を活用することが大切になります。以下、役割演技の具体的な活用について紹介します。

〈第4学年　B　友情、信頼『絵葉書と切手』の事例〉

T **条件設定** 正子さんからの葉書が料金不足で、ひろ子さんはどうしたらよいか迷っていました。これから、ひろ子さんの気持ちを考えるために、劇をしてもらいます。お母さんとお兄さんの言い分も違いましたね。正子さんに知らせるべきかどうか、（三人の絵カードを見せながら）ひろ子さん、お母さん、お兄さんになって、話合いをしてもらいます（三人の子どもを指名する）。

このカードをかけたら、Aさん（演者）は、ひろ子さんです（A児にカードをかける）。みなさん、この人は誰ですか。

C　Aさんです。

C　違います。ひろ子さんです。

T　そうですね。もう、Aさんではなく、ひろ子さんですね。三人の立場を確かめます。お母さんは「知らせない」、お兄さんは「知らせる」、ひろ子さんは「迷う」です。

観衆の子どもへの指示　見ている人は自分が三人だったら、どのような話をするかを考えながら見ていてください。それでは始めましょう。

即興的演技

■（ひろ子）郵便料金の不足のこと、正子さんに知らせたほうがいいかな。

■（兄）それはそうだよ。間違っていることはきちんと教えないといけないよ。

■（母）でも、せっかく絵葉書をもらったのだから、御礼だけ言えばいいじゃない。

■（兄）だめだよ。不足の料金はうちで払ったんだよ。ちゃんと言わなくちゃ。

■（母）わずかな金額だからいいじゃない。お友達に嫌な気持ちをさせたら悪いわ。

■（ひろ子）そうよね。正子さんが、「せっかく送ったのに何よっ」って怒ったら困るわ。

■ (兄) 本当の友達ならきちんと教えるべきだよ。きっと分かってくれるよ。(中略)

T 演技の中断と話合い はい、ここまでにしましょう。それでは、ひろ子さんはAさんに、お母さんはBさんに、お兄さんはCさんに戻ってもらいます(カードを外す)。さて、Aさんは、ひろ子さんを演じて、どんなことを思いましたか。

C お母さんの言い分も、お兄さんの言い分も分かって、本当に困ってしまいました。

T お母さん役をやったBさんはどうですか。

C 本当は教えたほうがいいと思うけど、友達の気持ちを大切にしたい気持ちがありました。

T お兄さん役のCさんはどうですか。

C お母さんの気持ちはよく分かりましたが、友達だからこそ、きちんと教えないといけないと思いました。でも、自分だったらできるかどうか分かりません。(以下略)

2 独演によって自分の感じ方や考え方を語らせる手法

〈第5学年　C　勤労、公共の精神『牛乳配り』の事例〉

T **条件設定** お父さんやお母さんの言葉から、明は迷いながらも、牛乳配りを続けましたね。あるとき、今まで全く顔を見たこともなかったお年寄りの家の牛乳ポストに、手紙が入っていました。明は、その手紙を読んでみました。

さて、手紙を読んだ明はどんなことを考えたでしょうか。明になって手紙を読んだ後、明の心の中を話してください。やってくれる人はいますか（子どもを指名する）。

この野球帽をかぶったら、Dさんは、明です。明の立場を確かめます。明は迷いながらも牛乳配りを続けます。あるとき、顔も見たことがない一人暮らしのお年寄りの家の牛乳ポストに、手紙が置いてありました。手紙を読んで、自分の思いを話してください。

観衆の子どもへの指示 見ている人は、自分が明だったらどう思うかを考えながら見ていてください。

即興的な演技

いつもありがとうございます。（子どもはお年寄りの手紙を読み上げる）牛乳を入れてくださる音を、毎朝不自由な体で、ふとんの中で聞いています。……

そうか、おばあさんはぼくが毎朝牛乳を届けているのを知っていたんだ。体が不自由できっと玄関から出てこられなかったんだな。

ぼくは、牛乳配りを途中でやめようと思ったけれど、続けてよかったな。これからもおばあさんのために頑張っていこう。

演技の中断と話合い

T　はい、ここまでにしましょう。それでは、Dさんに戻ってもらいます（帽子をとる）。さて、Dさんは、明を演じて、どんなことを思いましたか。

C　人のために働くことは大変だけど、喜びもあるんだなあと思いました。

T　見ていた人はどうですか。明はどんなことを考えたでしょうか。

C　誰かのために働くっていうこともいいなあと思います。

C　今までお礼ぐらい言ってもいいと思っていたことが恥ずかしくなりました。

（以下略）

3 葛藤場面が生じる二つの自我を推定して演じさせる手法

〈第2学年　B　友情、信頼『二わのことり』の事例〉

T　**条件設定**　みそさざいは、誕生日のやまがらの家に行こうか、歌の練習のあるうぐいすの家に行こうか迷いましたね。迷った後、うぐいすの家に行って最後はやまがらの家に行くことになります。

さて、これから、やまがらの家に行こうと思うみそさざいと、うぐいすの家に行こうと思うみそさざいとで話合いをしてもらいます。やってくれる人はいますか（二人の子どもを指名する）。これを付けたら、Eさんは、やまがらの家に行こうと思うみそさざい、Fさんは、うぐいすの家に行こうと思うみそさざいです。

観衆の子どもへの指示　見ている人は、自分がみそさざいだったらどうかを考えながら見てください。それでは始めましょう。

即興的な演技

■（うぐいす）　うぐいすさんの家はみんなが来るし、大勢で歌の練習をすると楽しいよ。
■（やまがら）　誕生日は年に一回だし、やまがらさんの家に行ったほうがいいよ。
■（うぐいす）　でも、やまがらさんの家は遠いし、さびしいところにあるんだよ。うぐいすさんの家のほうが楽しいよ。
■（やまがら）　みんながうぐいすさんの家に行っちゃったら、やまがらさんは一人ぼっちになっちゃうよ。
■（うぐいす）　でも、みんなうぐいすさんの家に行くみたいだし……。

演技の中断と話合い

T　はい、そこまでにしましょう。それでは、見ていた人たち、みそさざいの心の中はどうだったでしょうか。
C　迷って迷って決められません。
C　やまがらさんもうぐいすさんもお友達だから迷います。
C　やまがらさんの誕生日は一年に一回だから、誕生日に行こうかな。
C　でも、うぐいすさんの家は楽しそうだし、困っちゃうなあ。

役割交代

T　みそさざいの心の中は、迷って迷って大変ですね。それでは今度は、

役を交代してやってもらいます（小鳥の面を交換して、再び演技をする）。（以下略）

このほかにも、役割演技の手法は多様に考えられますが、授業者は役割演技を通して子どもに何を考えさせたいのか、その目的を明確にすることが大切です。

4 役割演技活用上の留意事項

役割演技は、単に教材の文脈に沿った劇ではありませんし、授業者が恣意的に期待する発言を引き出すために行うものでもありません。また、円滑に演じたり、巧みに演じたりすることを是とする傾向も見られますが、無言の演技も重要な場合もあります。つまり、「演技の巧拙は問わないこと」が原則です。活発さを求めてオーバーアクションをさせることで、子どもが演技を茶化したり、派手な演技を求めたりすることも見受けられます。

さらには、感じ方や考え方の対立に終始することなど、活発さを追究しがちですが、大切なことは子どもが自らの体験を背景に演技できるようにすることです。

授業者が平板な授業の打開策として安易に役割演技を行うなど、役割演技のねらいを明確にもっていない場合には、授業のねらいから外れてしまうこともあります。これまで示してきた役割演技の意義や特質を再確認するとともに、道徳科だけでなく、日常の教育活動の中で、子どもが様々に演じる場面を設定するようにすることが肝要です。

第4章

道徳科における役割演技

1 道徳的価値を理解することと役割演技

平成29年告示の『学習指導要領解説　特別の教科　道徳編』には、役割演技の説明として、「(子どもに) 特定の役割を与えて即興的に演技する」と記されています。

江橋は、役割演技が道徳教育に資する事項として「他人の立場、自分の立場等、様々な役割を演ずることによって、相互の人間関係を浮き彫りにし、そこから望ましい自他の在り方を探っていくことができる。また、演技を通して、自己を客観視しつつ、自己の内部の様々な問題を内部から改善し、人間を改革していくことができる」と説明しています。

また、役割演技の活用における基本的事項について、即興性を重視すること、役割交代を挿入すること、中断法を取り入れることなどを挙げています。

これまで、役割演技の意義や特質、多様な手法などについて述べてきましたが、改めて、道徳科の特質から役割演技の有効性を考えることにします。

道徳科の特質から役割演技は、以下のように定義することが考えられます。

> 子どもが、道徳的諸価値に関わる諸事象を自分事として、多面的・多角的に考えることができるような即興性や相互性を生かした演技。

即興性を生かした演技とは、自分が担った役割を、台本を用いずに、また、練習や試演をすることなく、自分のこれまでの体験やそれに伴う感じ方や考え方に基づいて演ずることであり、相互性を生かした演技とは、物事を多面的・多角的に考えるために役割を交代して演ずることです。

次に、学習指導要領の道徳科の目標に明記されている道徳科の特質である具体的な学習と役割演技について考察します。

1 「道徳的価値を理解する」とは

道徳科の授業は、一定の道徳的価値についての理解を基にした学習を展開します。道徳的諸価値と示しているのは、学習指導要領に示された内容項目に含まれる様々な道徳的価値について考えるからです。様々な道徳的価値を理解する理由は、子どもたちが将来、様々な問題場面に出会った際に、その状況に応じて自己の生き方を考え、主体的な判断に基づいて道徳的実践を行うためには、単一の道徳的価値で答えを導き出すことはできないからです。例えば、電車の中で高齢者に席を譲る行為を考えても、「親切」が中心になることが考えられますが、それだけでは行動することはできません。どうすることが正しいのか（「正義」）、思い切って（「勇気」）、「感謝」の思いをもって、真心を込めて（「礼儀」）など、多くの道徳的価値が親切の実現を織りなすのです。

道徳的価値とは、私たちがよりよく生きるために必要とされるものです。また、人間としての在り方や生き方の礎となるものです。内容項目に含まれている道徳的価値には、「節度」「勤勉」「親切」「礼儀」「感謝」「規則遵守」「生命尊重」などがあります。道徳的価値は多様ですが、学校教育においてはこれらのうち、子どもの発達の段階を考慮して、一人一人が道徳的価値観を形成する上で必要なものを内容項目として取り上げています。内容項目によって含まれる道徳的価値の数は異なります。

例えば、低学年の「A　節度、節制」には、「健康安全」「物持」「整理整頓」「節度」といった様々な道徳的価値が含まれています。また、「A　個性の伸長」には、「個性伸長」「向上心」が含まれています。

子どもが将来、様々な問題場面に出会った際に、その状況に応じて自己の生き方を考え、主体的な判断に基づいて道徳的実践を行う上で道徳的価値は不可欠です。答えが一つではない問題に出会った際に、その状況に応じてよりよい行為を選択できるようにするためには、多数の道徳的価値について、単に一面的な決まりきった理解ではなく、多面的・多角的に理解することが求められるのです。

具体的には、第一に、道徳的価値を人間としてよりよく生きる上で意義深いこと、大切なことであると理解することです。これを「価値理解」と言います。「よく考えて度を過ごさないように生活することは大切なことである」「相手の気持ちを考えて親切にすることは人間関係を良好に保つ上で必要なことである」などとする理解です。

また、道徳的価値は人間としてよりよく生きる上で大切なことではありますが、それを実現することは容易なことではないといった理解も大切になります。これを「人間理解」と言います。

さらに、道徳的価値を実現したり、あるいは実現できなかったりする場合の考え方や感じ方は、人によって異なる、また、状況によっては一つではないということの理解も求められます。これを「他者理解」と言います。

道徳的価値の意義や大切さを理解するとともに、道徳的価値が人間らしさを表すものであることに気付き、価値理解と同時に人間理解や他者理解を深めていくようにすることが重要です。

道徳科の授業において道徳的価値の理解を図ることは不可欠ですが、具体的にどのような理解を中心に学習を展開するのかは、授業者の意図によるものであることは言うまでもありません。自立した人間として他者と共によりよく生きるための基盤となる道徳性を養うには、道徳的価値について理解する学習を欠くことはできません。

2 役割演技で道徳的価値の理解を図る

道徳科の学習では、ねらいとする道徳的価値を実現するよさを考える価値理解、実現することの難しさを考える人間理解、実現できたり、できなかったりしたときの感じ方、考え方の多様さを考える他者理解といった道徳的価値の理解を図ります。これらの理解を、子どもが自分事として実感をもって理解することが大切になります。そして、子どもがねらいとする道徳的価値をどのような側面から理解するのかを把握することが求められるのです。

役割演技では、演技を行わせる問題場面を示して、場面の状況、登場人物の役割などの条件設定を行います。演技を行わせる問題場面とは、ねらいとする道徳的価値に関して子どもに考えてほしい箇所です。つまり、授業者が、道徳的価値を実現するよさである価値理解を図るのか、実現することの難しさである人間理解を図るのか、また、道徳的価値を実現するよさ、あるいは難しさに関わる多様さである他者理解を図るのかを明確にして役割演技の条件設定をすることで、子どもが道徳的価値を理解する方向性を明らかにすることができるのです。

2 自己を見つめることと役割演技

1 「自己を見つめる」とは

「自己」とは、客観的に自分自身を見たときの個と捉えることができます。「自己を見つめる」ということは、自分自身を第三者的な立場から見つめ、考えることです。つまり、外側から自分自身を見つめることです。この場合の自分自身とは、現在の自分のありのままの姿と同時に、現在の自分が形成されるに至ったこれまでの経験やそれに伴う感じ方、考え方なども包括しています。道徳科において自己を見つめるとは、一定の道徳的価値を視点として、今までの経験やそれに伴う考え方、感じ方などを想起し、確認することを通して自分自身の現状を認識し、道徳的価値についての考えを深めることと言えます。こうした学習を通して、子どもたちは、道徳的価値に関わる自らの感じ方、考え方を自覚し、自己理解を深めていくのです。このように、自分の現状を認識し、自らを振り返って成長を実感するなど自己理解を深めることは、子ども自身がこれからの課題や目標を見付けることにつながります。

2 役割演技で自己を見つめる

前述のように役割演技は即興性を重視し、自分の体験やそれに伴う感じ方、考え方に基づいて演ずることが重要であり、このことが、自己を見つめる学習を深める上で有効なのです。すべての子どもに演技を体験させたいという理由から、学級の子ども全員に演技を行わせた後で、代表の子どもに再演技させる学習を見ることがあります。これは劇的な表現活動ではありますが、即興性を重視する役割演技の特質を生かした学習とは言えません。道徳科の授業で最も大切なことは、子どもが道徳的価値を自分との関わりで考えられるようにすること、自分事として考えることです。人間としてよりよく生きる上で大切な道徳的価値を観念的に理解するのではなく、自己を見つめることを基に考えたり感じたりすることが重要なのです。役割演技における即興的な演技は、子どもが自己を見つめること、言い換えると自己理解を図る上で有効な学習活動と言えます。

3 物事を多面的・多角的に考えることと役割演技

1 「物事を多面的・多角的に考える」とは

物事を多面的・多角的に考える対象は、言うまでもなく道徳的価値に関わる諸事象です。道徳科では、子ども一人一人が、ねらいに含まれる一定の道徳的価値について考えることを通して、内面的資質としての道徳性を主体的に養っていく学習を行います。1時間の道徳科の授業で考える対象は、ねらいとする道徳的価値です。

道徳的価値は、よりよく生きるために必要とされるものであり、人間としての在り方や生き方の礎となるものです。価値とは、大切なものを意味します。道徳科では、よりよく生きるために必要な道徳的価値の理解を図ることになりますが、これを一面的に行うことでは今後出会うであろう様々な問題に対応することは困難です。つまり、困っている人に親切にすることは大切だとする価値理解だけでは、多様な問題への適切な対応はできないでしょう。例えば、困っている人に出会った場合、いつでも手を差し伸べればよいということでなく、相手の立場や気持ちを考慮すれば、手を差し伸べるのではなく、見守るということも大切になるでしょう。また、人との関わりや集団や社会との関わりに関する内容項目は、親切にする、される、助ける、助けられるなど能動、受動の両面が考えられます。道徳的価値に関わる諸事象を、一面的ではなく多面的に考えることが重要です。

また、様々な問題に出会った際に、その状況に応じて適切に道徳的価値を実現するためには、単一の道徳的価値だけで対応することは容易ではありません。例えば、ある人が、道に迷っていると思われる外国人の観光客に出会ったとします。観光客の困っている様子を見て、何とか力になりたいと考えます。相手の立場や気持ちを考えて力になりたいとする親切を実現しようとします。しかし、親切だけでは、観光客に声を掛けることは困難です。自分の外国語が相手に伝わるだろうか、伝わらなかったらどうしたらよいだろうか、思い切って声を掛けてみようかなど、勇気が必要になります。さらに、自分の思いが相手に伝わるだろうか、相手のことを理解できるだろうかなど、相互理解も大切になります。国際理解や誠実などとの関わりも考えられるでしょう。

このように、今後出会うであろう問題に適切に対応するためには、中心となる道徳的価値と関連する様々な道徳的価値について広がりをもって考えることが大切になります。このことが多角的に考えるということです。

2 役割演技で多面的・多角的に考える

役割演技の具体的な進め方として、役割交代があります。役割演技を行った子どもが、お互いの役割を交代して演技を行うものです。このことが、自分と異なった立場や感じ方、考え方などに対する認識を深めることにつながります。

はじめに、役割演技で多面的に考える事例を提示します。

『わたしたちの道徳』（文部科学省）に掲載されている教材『お月さまとコロ』を活用した正直、誠実の指導で説明します。授業者は、「素直に伸び伸びと生活すること」のよさを考えさせたいという願いをもって、学習指導過程を構想しました。中心的な発問を、お月様の話を聞いて胸を張って歌ったときの気持ちを問うこととしました。この学習の充実を図るために、「素直に伸び伸びと生活すること」のよさだけでなく、難しさも考えさせるために、役割演技を活用しました。条件設定は、自分のことをいろいろと気遣ってくれる相手の思いを素直に受け入れられないときの気持ちを考えることとしました。そして、素直に受け入れようとする立場と受け入れられない立場で演じる二重自我法としました。二人の子どもが、受け入れようとするコロと受け入れられないコロを演じます。受け入れようとするコロは価値理解を、受け入れられないコロは人間理解を深めていきます。演技を中断したら、観衆の子どもたちと共に「素直に伸び伸びと生活すること」のよさを話し合います。そして、受け入れようとするコロを演じた子どもと受け入れられないコロを演じた子どもが役割交代をして演技をします。前に行った立場と異なる立場で行うことで、「素直に伸び伸びと生活すること」を多面的に考えることになります。その後の話合いでも、授業者が「素直に伸び伸びと生活すること」の難しさを視点とした話合いを促すことで、観衆の子どもたちの多面的な思考が促されます。

次に、『小学校道徳の指導資料とその利用3』（文部省、１９８０）に掲載されている『友の肖像画』を活用した友情、信頼の指導で説明します。授業者は、「友達と互いに信頼し合う」ことのよさを考えさせたいという願いをもって授業を構想しました。教材は、主人公の幼なじみで仲良しだった友達が、病気になって遠方の療養所に行ってしまいます。当初は、頻繁に手紙のやりとりをしていましたが、次第に友達からの手紙が滞るようになります。このことから、主人公も手紙を書かなくなります。それからしばらくして、「療養しながら学ぶ子どもたちの作品展」の開催を知って出かけると、友達が彫った自分の肖像画の作品が展示されていました。主人公は友達の手が不自由になって手紙を書けなくなった事情を知り、涙するという内容です。

授業者は、「友達と互いに信頼し合う」ことのよさをそれを支える親切、感謝、寛容、誠実について多角的に考えさせるために、友達の主人公に対する思いを類推する学習を中心に据えました。そして、教材中には示されていませんが、版画を作製した友達と主人公が対話するという役割演技を考案しました。条件設定は、これに加えて主人公が友達に「どんな気持ちで木版画を掘っていたの」と投げ掛けることからスタートしました。これに対する応答を整理して、友達同士が信頼し合うことは、親切、感謝、寛容、誠実などに支えられているといった多角的な思考を促しました。

役割演技を通して子どもの多面的・多角的な思考を促すためには、授業者が子どもにねらいとする道徳的価値の理解をどのように図るのか、明確な指導観をもつことが重要になります。

4 自己の生き方についての考えを深めることと役割演技

1 「自己の生き方についての考えを深める」とは

道徳授業の特質として第一に押さえるべきことは、子どもが道徳的価値に関わる諸事象を自分事として考えることです。子どもが自分との関わりで道徳的価値の理解を図り、自己を見つめるなどの道徳的価値の自覚を深める学習を行っていれば、その過程で同時に自己の生き方についての考えを深めていることにつながります。道徳科の授業を構想するに当たっては、道徳的価値の理解を自分との関わりで深めたり、自分自身の体験やそれに伴う感じ方や考え方などを確かに想起したりすることができるようにするなど、特に自己の生き方についての考えを深めることを強く意識して指導することが重要です。

授業構想に際しては、子どもが道徳的価値の自覚を深めることを通して形成された道徳的価値観を基に、自己の生き方についての考えを深めていくことができるような学習展開を工夫することが大切です。

具体的には、道徳的価値に関わる事象を自分自身の問題として受け止められるようにすること、他者の多様な考え方や感じ方に触れることで身近な集団の中で自分の特徴などを知り、伸ばしたい自己を深く見つめられるようにすること、自分の現状を知り、これからの生き方の課題を考え、それを自己の生き方として実現していこうとする思いや願いを深めることができるようにすることが挙げられます。

2 役割演技で自己の生き方についての考えを深める

ねらいとする道徳的価値に関わる事象を自分事として受け止めたり、他者の多様な考え方や感じ方に触れて自分の特徴を知るなど、自己を深く見つめられるようにしたりする上で、役割を自分事として演じたり、演技に伴う対話を深めることは、自己の生き方についての考えを深める上で有効です。

このように、役割演技の意義を念頭においた学習は、道徳科の特質を生かすことにつながり、道徳的価値の自覚の深化を実現することになるのです。

道徳科の学習は、授業者がねらいとする道徳的価値について子どもに何を考えさせる必要があるのか、指導観を明確にして授業構想することが重要です。その上で、役割演技の特質についての理解を深め、適切に学習指導過程に位置付けるようにすることが求められます。

〈引用文献・参考文献〉※第1～4章

(1) 道徳教育の充実に関する懇談会報告「今後の道徳教育の改善・充実方策について（報告）～新しい時代を、人としてより良く生きる力を育てるために～」文部科学省　2013
(2) 中央教育審議会答申「道徳に係る教育課程の改善等について」2014
(3) 文部省『小学校道徳指導書』1958
(4) 文部省『小学校道徳指導の諸問題』1967
(5) 文部省『小学校　道徳の指導資料　第1集（第1学年）』1964
(6) 文部省『小学校　道徳の指導資料　第1集（第3学年）』1964
(7) 文部省『小学校指導書　道徳編』1969
(8) 文部省『小学校指導書　道徳編』1978
(9) 文部省『小学校指導書　道徳編』1989
(10) 文部省『小学校道徳教育指導上の諸問題』1990
(11) 文部省『小学校学習指導要領解説道徳編』1999
(12) 文部科学省『小学校学習指導要領解説道徳編』2008
(13) 文部科学省『小学校学習指導要領解説　特別の教科道徳編』2017
(14) 小池タミ子『劇あそびの基本』晩成書房　1990
(15) 江橋照雄『役割演技』明治図書出版　1971
(16) 高良聖『サイコドラマの技法』岩崎学術出版社　2013

(17) 台利夫『ロールプレイング　新訂』日本文化科学社　２００３
(18) レイモンドＪ．コルシニ『心理療法に生かす　ロールプレイング・マニュアル』金子書房　２００４
(19) 石井哲夫・時田光人『心理劇の理論と技術』日本文化科学社　１９７４
(20) 江橋照雄『授業が生きる役割演技』明治図書出版　１９９２
(21) Ａ．Ａシュツェンベルガー『現代心理劇－集団による演劇療法と自発性の訓練』白水社　１９７３
(22) 東京都港区立青山小学校研究集録「子どもの内面に根ざした道徳的実践の指導」１９９０
(23) 赤堀博行「道徳科授業における役割演技の活用」道徳科教育　日本道徳科教育学会　２０２２
(24) 赤堀博行『道徳授業で大切なこと』東洋館出版社　２０１３
(25) 赤堀博行『「特別の教科道徳」で大切なこと』東洋館出版社　２０１７

第5章

道徳科で活用する役割演技の実際

道徳科で活用する役割演技の実際

役割演技について、ともすると身体表現を好む低学年に適した指導方法とする意見がありますが、自己と向き合う即興的な演技を重視する役割演技は、それぞれの学年の発達的特質を考慮することで、いずれの学年にも有効な指導方法と言えます。

①低学年

低学年の時期は、幼児期の発達的特質である自己中心性が残っているため、相手の立場を認めたり、他人の気持ちを想像したりすることが難しいことがあります。教師の発問にも、我先に答えようと盛んに挙手する様子が見られます。役割演技の演者を決める際にも、同様な様子があります。規則的な生活や友達との様々な活動を通して、自己中心性が減少し、相手の立場を尊重しようとする気持ちも芽生え、相手の話をしっかりと聞くこともできるようになります。

②中学年

中学年の時期は、運動能力や知的な能力が大きく発達し、問題解決能力の発達に伴い学習活動に積極的に取り組むようになります。また、自他の行動を相互に比較することや、自分の行為の善悪もある程度反省しながら把握できるようになると言われています。集団活動では、協同作業を行ったり、自分たちできまりをつくり守ろうとしたりすることもできるようになります。役割演技を行う際には、提示された演技を行う上での条件を円滑に理解できるようになります。

③高学年

高学年の時期は、抽象的、論理的な思考ができるようになります。また、自分の価値判断に固執する傾向が見られますが、自他の違いを認識しつつ、相手の立場や気持ちの思いを推察して、自分と異なる思いや考えを受け止めようとする姿勢も見られるようになります。このことは、他者の思いや考えを自分事として考える能力の高まりにつながります。役割演技においては、特に即興的な演技を促す指導を重視したいところです。

以下に例示する役割演技の事例は、こうした発達の段階を考慮していますので、授業実践の参考となれば幸いです。

第1学年の役割演技

実践事例1　B「親切、思いやり」の授業実践

①主題名　あいてのことをかんがえて（内容項目：B「親切、思いやり」）

②ねらいと教材

ア　ねらい　相手のことを考えて、親切にしようとする心情を育てる。

イ　教材　『くりのみ』（出典：Gakken「みんなのどうとく①」）

③主題設定の理由（指導観）

ア　ねらいとする道徳的価値について【価値観】

人は、普段から多くの人と接しながら過ごしている。家庭、友達、地域の人など関わり方はそれぞれである。そのような自分の周りの人たちと接しながら、よりよい人間関係を築くためには、相手に対する思いやりの心をもち、親切にすることが大切である。自分だけのことを考えて、主張をしたり、行動をしたりするのではなく、相手

の気持ちや立場を想像しながら、人と接することが思いやりの心であり、その心をもって相手に働きかけることが親切につながってくる。

そこで、相手の気持ちや立場を思いながら、行動しようとする態度を育てるために、自分だけでなく相手に視野を広げて考えさせていきたい。

イ　児童の実態について【児童観】

相手のことを視野を広げて考えさせるために、次のような指導を行った。

■各教科

日頃から授業内で、相手を受け止められるように、ペアトークを取り入れた。聞いたら、うなずいたり、「自分はこう思ったけど、どうしてそう思ったの？」と問い返しをさせたりするようにした。

■学校行事（運動会）

グループで踊りを考える活動を取り入れ、ダンスが得意な子・不得意な子もいる中で、どのような踊りがよいのか話し合いながら考えられるようにした。

これ以外にも、日常的に相手のことを思いやりながら、行動していたことについて取り上げ、称賛するようにした。児童同士でも「○○さん優しい」「○○さんが素敵だった」という言葉が増えるようになってきた。

自分の思いが優先されやすい発達の段階であるため、相手が受け入れてくれている安心感と、自分がしたことで相手が喜んでくれているという体験を価値付けるようにしてきた。相手が自分の気持ちや立場を考えて行動してくれるとうれしいという経験と結び付け、自分も同じように働きかけるよさを考えさせたい。

ウ　教材活用について【教材観】

本時では、主人公のきつねに自我関与させて主題「あいてのことをかんがえて」について考えさせる。きつねが自分のためにどんぐりを蓄えようとしている思いと、うさぎから受けたきつねへの親切を受けて感じる思いを考えさせることで、自分だけではなく相手のことを思いやる気持ちに気付かせるようにしたい。そして、そこから生まれる相手を思い、自分も行動しようという気持ちについて考えさせることで、自分だけではなく相手の気持ちや立場を考えながら、行動しようとする態度へとつなげられるようにする。

④役割演技活用の意図

うさぎの一言に、自分で見つけたどんぐりのことが頭をよぎりながらもごまかそうとしているきつねの気持ちを明確にしていくために、「そのまま黙っておこう」というきつねと「見つけたことを教えよう」というきつねの心の中のやり取りを、役割演技を通して考えさせるようにする。

⑤展開の大要（主な発問○と留意点＊）

1　助けてもらった経験とそのときの気持ちを発表し合い、ねらいとする道徳的価値へ方向付ける。

○誰かに助けてもらったことはありますか。そのとき、どんな気持ちになりましたか。

○主題「あいてのことをかんがえて」について、考えることを提示する。

2　『くりのみ』を読み、相手のために助けるよさについて考える。

○見つけたどんぐりを隠したとき、きつねはどのような気持ちだったか。

＊自分の食料確保のために一生懸命なきつねの気持ちを押さえ、自分のことで精一杯な様子を捉えられるようにする。

○うさぎに「なにか見つかりましたか」と言われたとき、きつねはどのような気持ちだったか。

＊最初に「どきっとした」のような発言を取り上げ、二つの感情（①そのまま黙っておこう、②教えよう）があることを押さえ、役割演技を活用して考えさせる。
＊きつねのお面を用意して、役になりきれるように工夫する。
＊相手に返す際に、「でもね」と言うことで思いを伝えやすくする。
◎うさぎにくりのみをもらって、涙を流すきつねは、どのようなことを思ったのか。
＊相手の思いやりに対して心が温まったり、心が動いたりすることを考えさせ、自分も返せるようにしたいという態度につなげていけるようにする。
3　主題「あいてのことをかんがえて」に関わる自分の体験を思い出し、そのときの気持ちを振り返る。
○相手のために助けようとしたことはありますか。そのとき、どのような気持ちになりましたか。
4　教師の説話を聞いて、相互に思いやり、親切にすることで温かい気持ちが生まれることについて考える。

⑥評価の視点（役割演技の評価）

自分のためだけに意識を向けているきつねと、相手のために意識を向けているきつねの様子を即興的に演じたり、見たりして二つの心情を比較して考えることができたか。

⑦授業の実際（役割演技を中心に）

T　お話で心に残ったところはありますか。
C　最後に泣いちゃったところ。
C　うさぎさんにうそをついちゃったところ。
C　どんぐりを隠しちゃったところ。
T　今日は、みんなが心に残ったところから、相手のためにたすけることについて考えていきましょう。
T　どんぐりを見つけて、おなかいっぱい食べたんだよね。そのどんぐりを隠しましたね。どんなふうに、隠したのかな。やってみましょう。

ウォーミングアップ

C　（動作化）
T　そうやって、どんぐりを隠したとき、きつねさんはどんな気持ちだったでしょう。
C　誰かが食べちゃうかも。
C　取られちゃったら困る。

T　どうして困るの。

C　自分の食べ物がなくなっちゃうから。

T　自分のためにどんぐりを隠したきつねさんは、またうさぎさんに会いました。

T　うさぎさんに「なにか見つかりましたか」と言われたとき、きつねさんはどのような気持ちだったでしょう。

C　どうしよう。

T　なんで「どうしよう」なの。

C　自分の分がなくなっちゃう。

C　隠したいから言わない。

C　あったよって教えてあげようかな。

T　なるほど。隠して言わないきつねさんと教えてあげようかなのきつねさんの気持ちがあって、どうしようなんだね。

C　そう。迷ってる。

T　それじゃ、「見つかりましたか」とうさぎさんに聞かれて、どんぐりのことを言わないきつねさんと、教えるきつねさんのどうしようという気持ちを考えてみましょう。

条件設定・説明

T　（児童二人を前に出るように促す）

T　先生がうさぎさんの言葉を言います。言わないきつねさん、「でもね」、教えるきつねさん、「でもね」、言わないきつねさん、の順番で心の中のお話をしてください。時間が来たら止めて、交代をします。

T　きつねさん、何か見つかりましたか。

C　（言わない）何も見つかりません。

C　（教える）でもね、あげますって言おうよ。

C　（言わない）でもね、あげちゃっていいの？

C　（教える）だって、うさぎさんかわいそうだよ。

C　（言わない）でもね、自分の分がなくなっちゃうよ。

T　みんなにもやってもらいます。

ペアで役割演技

※役の指定をする。※交代することも伝える。

T　きつねさん、何か見つかりましたか。

C_A（言わない）何も見つからなかったことにしよう。

C_B（教える）でもね、うさぎさんにも教えてあげないとかわいそうだよ。

C_A（言わない）でもね、あげたら自分の分がなくなってしまうよ。

C_B（教える）でもね、うさぎさんだって困っているかもしれないよ。

T　役を交代しましょう。

T　きつねさん、何か見つかりましたか。

C_B（言わない）言ったら、自分の分がなくなっちゃうよ。

C_A（教える）でもね、分けてあげたら喜ぶかもしれないよ。

C_B（言わない）でもね、自分のためなんだからいいじゃない。

C_A（教える）それでも隠しちゃだめだよ。

C_B（言わない）だって、こっちが死んじゃうよ。

C_A（教える）でもね、友達も死んじゃうよ。一つくらいゆずればいいよ。

T　はい、止めます。今聞こえてきたことを黒板に書きます。

演技の中断と話合い

※他に言い足りないことは、付け足して書く。

T　みんなで考えたことを見てみると、言わないきつねさんは、「自分のために」を考えているんだね。でも、教えるきつねさんは。

C　うさぎさんのため。

T　こっちは「うさぎさんのために」って考えているきつねさんなんだね。その二つの気持ちで困っていたきつねさんは、結局「見つかりませんでした」と、伝えましたね。

T　そのあと、うさぎさんが二つあるからって一つくりのみをくれました。うさぎさんにくりのみをもらって、涙を流すきつねはどのようなことを思ったでしょうか。

C　自分はあげられてないのに、くれてありがとう。

C　うそついちゃったから、うさぎさんにどんぐりのことちゃんと言おうかな。

C　くりをくれたことに感動しちゃった。

C　うさぎさんがくれたみたいに、自分もあげるようにしたいな。

（以下略）

（野村美里）

第1学年の役割演技

実践事例2　C「公正、公平、社会正義」の授業実践

①主題名　みんなでいっしょに（内容項目：C「公正、公平、社会正義」）

②ねらいと教材

ア　ねらい　自分の好き嫌いにとらわれず、誰に対しても公正、公平に接しようとする心情を育てる。

イ　教材『およげないりすさん』（出典：文部科学省「わたしたちの道徳1・2年」）

③主題設定の理由（指導観）

ア　ねらいとする道徳的価値について【価値観】

自分の好き嫌いにとらわれず誰に対しても公平に接することが大切だということは、誰もが分かっている。しかし、「人間は自分と異なる感じ方や考え方、多数ではない立場や意見などに対し偏った見方をしたり、自分よりも弱い存在があることで優越感

を抱きたいがために偏った接し方をしたりする弱さをもっている」と言われている。このことから、差別や偏見は無意識のうちに誰に対しても起こり得ることであり、自分たちの身近な問題であることを考えさせる必要がある。偏った見方や考え方で接することは、相手だけではなく自分自身も不安が募ったり嫌な気持ちになったりすることがある。ひいては集団全体が、互いを疑い安心できない関係となることもある。

　そこで、好き嫌いにとらわれず誰に対しても公正、公平に接することは、自分や集団全体にとっても安心できるよさがあることとや、自分の好き嫌いで接してしまうことで、相手だけではなく自分や集団全体も楽しめないことを考えさせたい。

イ　児童の実態について【児童観】

公正、公平に接するよさや難しさを考えさせるために、以下のような指導を行った。

■体育科
　ゲーム領域「ボールゲーム」では、ボールを扱うことの得意、不得意が明確に見られることから、ボールを扱うことが苦手な児童を非難してしまう人間の弱さが見られた。そこで、他教科と関連させてそれぞれに得意、不得意があることを考えさせた。また、ボールを扱うことが苦手な児童も楽しくできるようにすることが、ボールを扱うことが得意な児童の役目であることを、低学年の実態に合わせて考えさせた。

■給食指導

当番制ですべての児童が経験する給食の配膳では、どの児童にも同じように丁寧に盛り付ける姿などを取り上げ、称賛してきた。児童に必要な栄養素を考えて作られていることを押さえた上で、苦手な食べ物や体調に合わせて盛り付けを調整することから、平等と公平の違いについても指導してきた。

これらの指導により、誰に対しても公平に接しようとする児童が増えてきた。一方で、休み時間や放課後は、自分の好きなことに対して自分の気持ちを優先する自己中心的な考え方が強く出てしまい、自分とは違った考えの児童を避けようとする児童の様子も見られた。そこで、改めて公正、公平に接するよさを考えさせたい。

ウ　教材活用について【教材観】

本時では、公正、公平に接するよさを考えさせるため、仲間外れにしてしまったことを謝り、りすを誘ってみんなで遊んでいるときの三人に自我関与させる。自分たちが公正、公平に接することで安心して楽しく過ごせるよさがあることを考えさせる。

そのために第一発問では、仲間外れにされてしまったりすの思いを考えさせることで、仲間外れにしてしまったときの、相手の悲しさや悔しさを自分事として捉えられるようにする。第二発問では、りすを仲間外れにしてしまったことから、相手を悲しませてしまっただけではなく、公正、公平に接しなかったことで自分たちも楽しめないことに気付かせ、中心発問へとつなげる。

④役割演技活用の意図

「公正、公平」に接するよさについて自分の考えがもてるよう、にこにこ笑顔のりすと一緒に遊んでいるときの三人の考えを話し合わせる。観衆の児童には、三人の話を聞いてどんな気持ちだったかを話し合わせ、公正、公平に接する姿からそのよさを考えられるようにする。

⑤展開の大要（主な発問○と留意点＊）

1　差別的な場面や不公平な場面を見たときの気持ちを発表し合い、意識をねらいとする道徳的価値へ方向付ける。
○「仲間外れだ」「ずるいな」と思う場面を見たとき、どんな気持ちになったか。
○仲間外れをしないで「みんなでいっしょに」過ごすよさとは何だろう。

2　『およげないりすさん』を読み、公正、公平に接することのよさを考える。
○一人ぼっちで家へ帰るりすは、どんなことを思ったか。
＊仲間外れにされる悲しさや悔しさを自分事として考えさせることで、仲間外れにした側に立ったときに、相手の立場に立って考えることができるようにする。
○島で遊ぶ三人は、りすを思い返してどんなことを思ったか。
（ウォーミングアップ）
＊教師がかめ役になり「なんだか楽しくないね」と問いかけ、公正、公平に接することができなかったときの思いを自分事として考えさせる。
◎にこにこ笑顔のりすと一緒に遊ぶ三人は、どんなことを思ったか。
＊かめ、白鳥、あひるを演じて、公正、公平に接するよさを多面的に考えさせる
（役割演技）。
＊観衆の児童に三人の話を聞いてどんな気持ちだったかを問い、公正、公平に接するよさを多面的に考えさせる。
3　「公正、公平」に関わる自分の体験を振り返らせる。
○仲間外れをしないで、みんなで一緒に遊んだり学習したりしたとき、どんな気持

ちだったかを振り返る。

4　快く仲間に入れてもらい楽しく遊んだ教師の説話を聞いて、公正、公平に接するよさを考えさせる。

⑥評価の視点（役割演技の評価）

仲間外れにしてしまったことを謝り、みんなで楽しく遊んでいるときの考えを即興的に演じたり、役割演技を見たりして、「公正、公平」に接するよさについて自分事として考えることができたか。

⑦授業の実際（役割演技を中心に）

T　三人は島へ行ってしまいました。一人ぼっちで家に帰るりすさんは、どんなことを思ったでしょう。

C　悲しいな。

C　もう遊びたくないな。

C　ぼくも遊びたいよ。

T　「遊びたくない」と「遊びたい」の気持ちは、どちらのほうが大きいと思いますか。同じくらいという人はどちらも挙げてよいですよ。

T　**挙手をさせる**　どちらか挙げた人もいれば、どちらもという人もいますね。島で遊んでいるみんなは、りすさんのことを思い返して、どんなことを思ったでしょう。

ウォーミングアップ　先生がかめさんになって「なんだか楽しくないね」と言うので、白鳥さんとあひるさんは思ったことを教えてくださいね。

T　なんだか楽しくないね。

C　りすさんがいないと楽しくないね。

C　なんだか悪いことをしちゃったな。

T　どうして悪いと思ったの。

C　りすさんの気持ちを考えていなかったから。

C　りすさんのことを大事にすればよかった。

T　次の日、三人はりすさんに謝りました。そして、かめさんの背中にりすさんを乗せて、島へ向かいました。りすさんは、にこにこしています。

条件設定　にこにこ笑顔のりすさんと一緒に遊ぶ三人は、どんなことを思ったでしょう。今度は、先生は入りません。かめさんが一番目に話した後、白鳥さんとあひるさんも話してくださいね。聞いているみなさんは、三人の話を聞いてどんな気持ちだったか教えてください。

即興的演技

C_A　やっぱりみんなで一緒に遊ぶと楽しいな。
C_B　うん。うれしい気持ちになるね。
C_C　りすさんもにこにこしていてよかったね。
C_A　またみんなで一緒に遊ぼうね。
C_B　うん。そうしよう。
T　聞いていた人は、どんな気持ちでしたか。
C　聞いていてうれしい気持ちでした。
C　心がふわふわになりました。
T　「心がふわふわ」とはどういうことですか。もう少し詳しく教えてください。
C　心がふわふわで…、温かいということです。
T　他の人は、「心がふわふわ」とはどういうことだと思いますか。
C　温かくて優しい気持ちだと思います。

T 三人に拍手をお願いします。今度は、別の人にやってもらいます。
C_D またみんなで一緒に遊ぼうね。
C_E りすさんに謝ってよかったね。
C_F もう仲間外れはしないようにしよう。
T 聞いていた人は、どんな気持ちになりましたか。
C みんなにこにこで、うれしい気持ちになりました。
C 自分もこれからそうしようっていう気持ちになりました。
T 三人に拍手をお願いします。今度は、別の人にやってもらいます。
C_G 今度から仲間外れをしないで、みんなを誘おう。
C_H そうだね。やっぱりみんな一緒が楽しいね。
C_I りすさんがいたほうが楽しいね。
C_H うん。りすさんが笑っていると、ぼくたちもうれしいね。
C_G もっとりすさんとも仲よくなりたいね。
T 聞いていた人は、どんな気持ちでしたか。
C 元気な気持ちになりました。

C　心のちくちくがなくなりました。

T　三人に拍手をお願いします。りすさんと楽しく遊ぶ三人の話を聞いて、優しい気持ちになったり、元気になったり、心のちくちくがなくなったりしたのですね。

T　**演技の終了と話合い**　何回でもよいので、「その通りだな」「同じ考えだな」と思うものに手を挙げてくださいね。

挙手をさせる　仲間外れをしないで「みんなでいっしょに」過ごすと、①うれしい気持ち、②心がふわふわ温かい気持ち、③優しい気持ち、④自分も仲間外れをしない、⑤元気な気持ち、⑥心のちくちくがなくなる。仲間外れをしないで、「みんなでいっしょに」過ごすよさが、みんなの話合いのおかげで、たくさん見つかりましたね。

（以下略）

（富樫莉恵子）

第2学年の役割演技

実践事例3　A「善悪の判断、自律、自由と責任」の授業実践

①主題名　正しいことを進んで行うよさ

（内容項目：A「善悪の判断、自律、自由と責任」）

②ねらいと教材

ア　ねらい　よいことと悪いこととの区別をして、よいと思うことを進んで行おうとする態度を育てる。

イ　教材　『おれたものさし』（出典：東京書籍「新しいどうとく2」）

③主題設定の理由（指導観）

ア　ねらいとする道徳的価値について【価値観】

よいこと、正しいことについて、人に左右されることなく、自ら正しいと信じるところに従って進んで行動することは、人として重要なことである。第2学年の児童に

おいては、何事にも興味・関心を示し意欲的に行動することが多い反面、まだ集団生活に十分に慣れていないために、物おじすることも少なくない。よいと思ったことができたときのすがすがしい気持ちを感じさせながら、善悪を適切に区別し、小さなことでも遠慮しないで進んで行えるようにすることが大切である。よいことと悪いことの区別をして、よいと思うことを進んで行おうとする態度を育てるために、よいことや正しいことを進んで行うよさを考えさせたい。

イ　児童の実態について【児童観】

よいことや正しいことを進んで行うよさを考えさせるために、以下のような指導を行った。

■生活科

「まちたんけん」の事前学習では、インタビューを行う相手に対するよい言葉遣いや所作、グループのメンバーでの協力の仕方などと、それらを進んで行うよさを併せて考え、事後にはそのようにした児童を称賛した。

■日常の指導

毎日の休み時間や授業の中時間などでの過ごし方について指導する際に、よいこと悪いことを適切に区別し、よいと思うことを進んで行っている児童の事例を紹介し、よいことや正しいことを進んで行うよさを実感できるようにした。また、授業中や給食の時間などにおける行動や態度、友達との接し方などにおいて、主体的によいことや正しいことを行っている児童の様子を取り上げ、称賛した。

これらの指導により、自らの正しい判断に基づいた行動を大切にしようとする児童が多くなってきた。一方で、物おじしてしまう様子も見られる。そこで、改めてよいことや正しいことを進んで行うよさを考えられるようにしたい。

ウ　教材活用について【教材観】

本時においては、自ら正しいと信じるところに従って行動するときの考えと、行動できたときの気持ちを自分事として考えられるようにするために、折れたものさしをのぼるに渡し返す場面での「ぼく」に自我関与させる。そのときの考えや気持ちを中心に話し合い、価値理解に重点を置きながら、ねらいとする道徳的価値についての理解を深められるようにする。

④役割演技活用の意図

自ら正しいと信じるところに従って行動するとき、どのようなことを考え、どのような気持ちになるのかを児童一人一人が自覚できるようにする。そのために、なかなか行動に移せない人間の弱さを乗り越えようとする心の働きや、そのようにできたときのやりがいなどを想起できるような役割演技を通して、「ぼく」への自我関与を深めるようにする。

⑤展開の大要（主な発問〇と留意点＊）

1　アンケート結果を知り、主題に関わる身近な場面を想起し、問題意識をもつ。
〇進んでしたほうがよいことや正しいこととは、どのようなことか。
2　『おれたものさし』を読み、よいことや正しいことを進んで行うよさを考える。
〇折れたものさしを持たされたひろしは、どのような気持ちか。
＊正しいことが言えないときの気持ちを自分事として考えさせる。
〇「ものさしを戻すんだ」と心の中で叫んでいるときの「ぼく」は、どのようなことを考えていたか。
＊正しいことを言おうとするときや、それが言えないときに考えていることを自分事として考えさせる。
＊教師が「ぼく」の心の声として問いかけ、その言葉に続けて「ぼく」が考えたこ

とを考えさせる。
◎のぼるが黙って折れたものさしを受け取ったときの「ぼく」は、どのようなことを思っていたか。
＊自ら正しいと信じるところに従って行動しようとするときの考え方と行動できたときの気持ちを考えられるようにする。
＊教師がのぼる役、児童が「ぼく」役になって役割演技を行う。
＊即興性を重視するとともに、観衆の児童に対して演技を見る視点を明示する。
3　「よいことや正しいことを進んで行うこと」に関わる自身の体験を振り返って、そのときに考えていたことやできたときの気持ちを考える。
○よいことや正しいことを進んで行えたとき、どのようなことを思っていたか。
4　教師の説話を聞いて、よいことや正しいことを進んで行うよさを考える。

⑥評価の視点（役割演技の評価）

自ら正しいと信じるところに従って行動するときの考え方や行動できたときの感じ方をもとにして、「ぼく」を即興的に演じたり、自分事として演技を見て考えたりすることができたか。

⑦授業の実際（役割演技を中心に）

T　「ものさしを戻すんだ」と心の中で叫んでいるときの「ぼく」は、どのようなことを考えていたのでしょう。

ウォーミングアップ　私が「ぼく」の心の中の言葉を言いますので、その言葉の続きを考えてください。まだ行動にできない、でも、心の中では正しいことをしたいという思いをもっている、そのようなとき、どのようなことを考えていますか。

T　ひろし、君は何もやっていないんだぞ。ものさしを戻すんだ。
C　でも、これを言ったらぼくも嫌なことをされるかもしれない。
T　ひろしみたいに、「ぼく」にも怖い気持ちがあったのかな。
C　はい。前に「ぼく」も同じことがあったから。
T　ひろし、君は何もやっていないんだぞ。ものさしを戻すんだ。
C　ひろしを助けたい。でも、どうやって助けたらいいんだろう。
T　ひろしのことを助けたい気持ちが強かったんだね。どうしていいか分からないときは、どう思いましたか。
C　くやしかったです。

T　ひろし、君は何もやっていないんだぞ。ものさしを戻すんだ。

C　人のせいにするのはだめだよ。ちゃんとのぼるがしたことを言うぞ。

T　何が正しいか考えたんだね。のぼるのことが怖い気持ちはなかったのかな。

C　あったけど、人のせいにしたままはよくないし、前は言えなかったから。

T　そうなんだね。正しいことをしたくてもまだ行動できないとき、心の中では、こんなことを考えているんだね。いろいろなことを考えていた「ぼく」だったけれど、たくさん考えて、ひろしが持っていたものさしをのぼるに渡しました。

条件設定　なかなか行動できなかったけど、ついにのぼるにものさしを渡し返すことができた「ぼく」は、そのとき、どんなことを思ったのでしょう。今度はこのときの「ぼく」になって考えてみましょう。私がのぼる役になります。この折れたものさしをのぼるに返したあとに、「ぼく」になって思いを伝えてください。自分が正しいと思うことをしようとするときって、どんなことを考えているんだろうね。

それでは、Cさん、前に出てきてください。（教師が、C児の首にカードをかけながら）はい、Cさんはもう「ぼく」です。私はのぼるです。（教師の首にカードをかけながら）先生ではありません。見ているみなさんも、「ぼく」になって、自分が正しいと思うことをしようとするとき、どんなことを考えているのかを考えましょう。
では、始めます。

即興的演技

C　（折れたものさしを渡しながら）君が折ったんだから、ちゃんと謝るんだよ。
T　分かったよ。ちゃんと謝るよ。
C　もう人のせいにしたらだめだよ。
T　どうしてだめなの。
C　人のせいにするのはいけないことなんだし、ひろしがかわいそうだよ。
T　そうか。これからは自分がしたことを人に押し付けないよ。

演技の終了と話合い

T　（教師の首のカードを取り）ここで一度止めます。（C児のカードを取りながら）はい、Cさんに戻りました。Cさん、のぼるがものさしを受け取って、どう思いましたか。
C　ちゃんと受け取ってくれてよかった。
T　ひろしに謝るとも言っていたね。どう思ったかな。
C　ちゃんと分かってくれてよかったな。言ってよかった。

T　はじめは怖かったけれど、正しいと思うことができて、よかったなあって思ったんだね。見ていたみなさんにも聞いてみましょう。のぼるがものさしを受け取ったとき、「ぼく」はどんなことを考えていたでしょう。

C　本当のことを正直に言わないとだめだよ。

T　のぼるがものさしをちゃんと受け取って、どう思いましたか。

C　さっきまでできなかったけど、頑張って言えたからうれしかった。

C　これでひろしも安心する。よかった。これでのぼるくんも真面目になる。

T　何がよいことかを考えたり、友達のことを考えたりしたんだね。そして、自分が正しいと思う行動ができて、うれしいなあ、よかったなあという気持ちになったんだね。

T　それでは、他の人にも前で「ぼく」になって考えてもらいましょう。

（準備・説明・指示等、略）それでは始めます。

即興的演技

C　（折れたものさしを渡しながら）ひろし君の気持ちを考えてね。人のせいにしちゃだめなんだよ。

T　ひろし君の気持ちって？

C　すごく怖かったし、嫌な気持ちになったんだよ。君のせいで。ちゃんとごめんねしようね。

T　それは、いけなかったな。ちゃんと謝るね。

T　**演技の終了と話合い**（教師の首のカードを取り）止めます。（C児のカードを取りながら）はい、Cさんに戻りました。ものさしを渡して、自分が正しいと思うことができたとき、どうだったかな。

C　どきどきしたけど、ほっとした。友達を助けられたから、頑張ってよかった。

T　自分が正しいと思うことをしてよかったなあって思ったんだね。見ていたみなさんはどうでしょうか。

C　ちゃんと言ってよかった。どきどきしても言うことが大切。

C　自分も言えてよかったし、ひろしのせいにもならなかったし、のぼるももうちゃんとするから、みんなよかった。

T　自分が正しいと思ったことをするって、なかなかできない気持ちもあるけど、できるとこんなによいことがあるんだね。自分だけじゃないのかあ。よいことがいっぱいだね。

（以下略）（佐伯　純）

第2学年の役割演技

実践事例4　C「勤労、公共の精神」の授業実践

①主題名　はたらくことのよさ　（内容項目：C「勤労、公共の精神」）

②ねらいと教材

ア　ねらい　みんなのために働こうとする態度を育てる。

イ　教材『森のゆうびんやさん』（出典：日本文教出版「小学どうとく　生きる力２」）

③主題設定の理由（指導観）

ア　ねらいとする道徳的価値について【価値観】

人間生活を成立させる上で働くことは基本となるものであり、一人一人が働くことのよさや大切さを知ることにより、みんなのために働こうとする意欲をもち、社会に対する奉仕や公共の役に立つ喜びも味わうことができる。このように働くことや社会に奉仕することの充実感を味わうことを通して、その意義や役割を理解し、それを現

在の自分が学んでいることとのつながりで捉えることとは、将来の社会的自立に向けて勤労観や職業観を育む上で、重要である。

この段階の児童は、何事にも興味をもって生き生きと活動し、みんなのために働くことを楽しく感じていることが多い。そのような実態を生かし、自分たちが行った仕事がみんなの役に立つことのうれしさ、やりがい、そのことを通しての自分の成長などを感じられるようにすることが大切である。そこで、みんなのために働こうとする態度を育てるために、働くことの大切さについて考えさせていきたい。

イ　児童の実態について【児童観】

働くことの大切さについて考えさせるために、以下のような指導を行った。

■生活科

野菜を育てる際に、水やりや観察など毎日の仕事の大切さについて考えさせた。

■日々の学校生活

当番活動や係活動は、学級に欠かせない仕事、学級をよりよくするためにとても大切な仕事であることを日々指導し、児童の活動を認めている。そのため、意欲的に活動する様子が見受けられる。

これらの指導により、働くことの大切さについて理解している児童が多い。一方で、仕事だからやらなければいけないものであると考える児童もいるため、みんなの役に立とうとする意欲や態度には結び付いてはいないと考える。そこで、学校の教育活動全体を通じて行う道徳教育の要でもある道徳科の授業において、深化を意図して授業を行う。みんなのために働こうとする態度を育てるために、働くことのよさについて考えさせていきたい。

ウ　教材活用について【教材観】

本時では、働くことのよさを考えさせるために、ゆうびんを配達するくまさんに自我関与させるようにする。中心的な発問では、「こりすさんからの手紙を読みながら、くまさんはどんなことを考えていたか」と問い、仕事を一生懸命することで、誰かの役に立っていることに気付き、やりがいやうれしさを感じられるようにする。そして、基本的な発問では、「雪の日に、やぎじいさんに小包を届けようと山道を登るくまさんは、どんなことを考えていたか」と問い、役割演技を通して、雪の中で働くくまさんに自我関与できるようにする。

④役割演技活用の意図

みんなのために働くことは楽しさややりがいを感じることではあるが、よいことだと分かっていても、働くことが大変だったり、難しかったりするなどの葛藤を想像できるような役割演技を通して、くまさんに自我関与させ、相反する思いを考えさせるようにする。

⑤展開の大要（主な発問〇と留意点＊）

1　身の回りの「仕事」について発表し合い、ねらいとする道徳的価値へ意識を方向付ける（導入アンケート、アンケート結果提示：ＩＣＴ活用）。
〇みなさんの身の回りには、どんな「仕事」があるか。また、どうしてその仕事をするのか。

2　『森のゆうびんやさん』を読み、働くことのよさについて考える（登場人物の確認、教材提示、発問、役割演技の説明、ＢＧＭ：ＩＣＴ活用）。
〇雪の日に、やぎじいさんに小包を届けようと山道を登るくまさんは、どんなことを考えていたか。
＊雪の日に働くくまさんを演じて、厳しい条件の中で働く大変さと、みんなのために一生懸命に働きたいと願う相反する考えをもつくまさんに自我関与させ、人間

理解を深められるようにする（役割演技）。
＊即興性を重視するとともに、観衆の児童に対して演技を見る視点を明示する。
◎こりすさんからの手紙を読んで、くまさんはどんなことを考えていたか。
＊仕事を一生懸命することで、誰かの役に立っていることに気付き、やりがいやうれしさを実感できるようにする。

3　働くことのよさに関わる自分の体験を振り返る。
○今までの生活で、「みんなのために働いてよかった」と思うことはあるか。そのとき、どんな気持ちだったか。
＊導入で挙げた仕事などを想起させ、「働くことのよさ」についてこれまでの生活や経験について振り返る。

4　教師の経験談を聞いて、働くことのよさについて考えを深める（ＩＣＴ活用）。

⑥評価の視点（役割演技の評価）

働くことのよさや難しさについての考え方を基にして、くまさんを即興的に演じたり、自分事として演技を見て考えたりすることで価値理解や人間理解を深めることができたか。

⑦授業の実際（役割演技を中心に）

T　雪の日、山道をのぼるくまさんは、どんなことを考えていたでしょうか。

C　嫌だけど、やぎじいさんに郵便を届けて笑顔になってほしい。

C　お仕事だから一生懸命働きたい。

C　雪の中で働くのはつらいなって思っている。

T　なるほど。くまさんは、仕事だから一生懸命働きたいという考えと、雪の中で働くのは嫌だな、つらいなという考えの両方があるんだね。それでは、今からみなさんには、このくまさんになりきってもらって、二つの考えを基にしながら、さらに考えてみようと思います。

ウォーミングアップ：山の中の雪が降る音のBGMを流す

みなさんは今、くまさんと同じように雪の中、山道を歩いています。どんなことを考えていますか（自席で歩くまねをさせる）。

C　とても寒いです。

C　温かい飲み物が飲みたいです。

C　早くおうちに帰って温まりたいです。

T　みなさん、しっかりと今雪の中にいますね。

条件設定 それでは、今みなさんは、やぎじいさんに小包を届けに雪の中、山道を歩いているくまさんです。そして、やぎじいさんのために一生懸命働きたいと考えているくまさんと雪の中で働くのがつらいと考えているくまさんになりきって話し合ってもらいます。その二つを演じながら、みんなのために働くことのよさや難しさについて考えてもらいます。それでは、C_Aさん、C_Bさん、前に出てきてください。（教師が、C_Aの首にピンク色のハートのカードをかけながら）あなたは今やぎじいさんのために一生懸命働きたいと考えているくまさんです。（C_Bの首に青色のハートのカードをかけながら）あなたは今、雪の中で働くことがつらいと考えているくまさんです。それでは、いいですか。用意スタート。

即興的演技

C_A 雪の中でも一生懸命働いて、郵便を届けるのを頑張ろう。

C_B でも、寒いから家に帰りたいな。家でゆっくりしたいな。

C_A でも、やぎじいさんの笑顔が見たいから、頑張って働かないと。

C_B でも、雪が降っているから、今日じゃなくてもいいかな。

C_A でも、やぎじいさんは、早くこの小包の中身を見たいと思うよ。

C_B　でも、明日晴れてから届けにいけばいいよ。

C_A　でも、早くしないと別の仕事が入って、みんなの荷物を届けるのが遅くなるかも。

C_B　でも、誰も分からないからきっと大丈夫だよ。

T　**演技の中断と話合い**　はい、それではここで一度、止めてみましょう。では、今、演技をした人に聞いてみます。C_Bさん（雪の中で働くことがつらいと考えているくまさん）は、どんな感想をもちましたか。

C_B　C_Aさん（やぎじいさんのために一生懸命働きたいと考えているくまさん）の気持ちもすごく分かるなと思いました。荷物を届けないと困る人がいると考えると、一生懸命働くことの気持ちのほうが強くなりました。

T　次に、C_Aさん（やぎじいさんのために一生懸命働きたいと考えているくまさん）は、どんな感想をもちましたか。

C　C_Bさん（雪の中で働くことがつらいと考えているくまさん）の気持ちは分かるけど、演じてみて、「やぎじいさんの笑顔を早く見たい」ってすごく思いました。

T　なるほど。演じてみて、一生懸命働いて早くやぎじいさんの笑顔をみたいと思えるようになったんだね（C_Aはうなずく）。見ていた人どうですか。

C　私もやぎじいさんの笑顔を早く見たいなって思いました。

C　私はC_Aさんが言っていた、違う日にしてしまうと、また別の人が困ってしまうという意見にたしかにそうだなと思いました。

T　そのことについて、もう少し詳しく教えてもらえますか。

C　仕事ってどうしてするのかと考えたときに、みんなを笑顔にすることなのに、誰かを困らせることになってしまうのは違うなと思ったからです。

T　さっき（導入）みんなで仕事ってどうしてするのかを考えたときに、「みんなのためにすること」ってみなさん話していましたよね。

役割交代　では、今度は役を代えてやってみます。

C_B　やぎじいさんに届けたほうが、いい気持ちになるよ。

C_A　でも、寒いし働くのは嫌だな。

C_B　でも、やぎじいさんの笑顔を見たほうが心は温かくなるよ。

C_A　でも、おうちに帰ったほうがもっと温かくなるよ。

T　**演技の終了と話合い**　（教師がカードを外して）二つの考えを基に演じてもらいましたが、感想を聞いてみます。どうしてでしたか。

C_B　くまさんは、一生懸命に働くことでやぎじいさんも笑顔になるだけでなく、自分も笑顔になると思いました。
T　それはどういうことですか。
C_B　やぎじいさんの笑顔を見たら、自分も笑顔になるし、心も温かくなってすごく幸せな気持ちになるのかなと思いました。
T　C_Aさんはどうですか。
C_A　くまさんは、外は寒いから家に帰りたいという気持ちもあったかもしれないけど、誰かの役に立ってうれしいという気持ちのほうが強かったと思いました。
T　はい、ありがとうございました。席に戻りましょう。（拍手）
みなさんは、見ていてどんなことを考えましたか。
C　雪の中で働くことがつらいと考えているくまさんのほうは、自分のことだけを考えていて、やぎじいさんのために一生懸命働きたいと考えているくまさんは、やぎじいさんや森のみんなのことを考えて仕事をしていると思いました。
C　みんなの役に立つことはすごくうれしいし、その人だけじゃなくて、喜ぶ笑顔を見ると自分もうれしい気持ちになって笑顔になると思いました。（以下略）（笹川皓紀）

第3学年の役割演技

実践事例5　B「友情、信頼」の授業実践

①主題名　信頼し合う友達関係っていいな（内容項目：B「友情、信頼」）

②ねらいと教材

ア　ねらい　友だちと互いに理解し、信頼し合おうとする心情を育てる。

イ　教材　『絵葉書と切手』（出典：Gakken「みんなの道徳3」）

③主題設定の理由（指導観）

ア　ねらいとする道徳的価値について【価値観】

友達関係は、共に学んだり遊んだりすることを通して、互いに影響し合って構築される。共に様々な体験を行い、互いの考え方などを交え、一緒に成長していく友達は、豊かに生きる上で大切な存在である。よりよい友達関係を築くには、学習活動や生活の様々な場面を通して理解し合い、協力し、助け合い、信頼感や友情を育んでいくこ

とができるように指導していくことが大切である。

そこで、様々な教育活動で、友達のことを互いによく理解し合い、協力し、助け合う中で、信頼し合う友達関係を築くよさを考えられるようにする。

イ　児童の実態について【児童観】

信頼し合う友達関係を築くよさを考えられるようにするために、次のような指導を行った。

■国語科

「春風をたどって」では、登場人物の言動からその心情を読み取る学習を行った。その際、中心人物が、友達と一緒に活動する中で、その友達のよさを見つけ、理解し、友情を深めていく様子を読み取ることを指導した。

■学校行事（運動会・子どもまつり）

表現や団体競技では、協力し、助け合うことで、友達を信頼する気持ちが生まれ、よりよい友達関係を築くことができることを価値付けた。子どもまつりでは、学級でお店を開く際に、お互いのよさを生かして、役割分担をした。お互いのよさを理解し合い、協力して助け合って活動すると、より楽しいし、仲が深まることを価値付けた。

　これらの指導により、互いに理解し合い、協力し、助け合って友情を深めていこうとする児童の姿が見られるようになった。一方、信頼するという気持ちについては、指導が十分ではなかったので、本時を通して、友達を信頼し合う友達関係を築くよさを考えられるようにしたい。

ウ　教材活用について【教材観】

　本時では、ひろ子さんに自我関与させ、信頼し合う友達関係を築くよさを考えられるようにする。これまで一緒に築いてきた友達関係を振り返り、理解し合っている関係であることに気付き、友達を信じて行動するときはどのような気持ちなのか、児童に自分事として考えさせる。

　友達を信頼することとは、決して簡単なことではなく、様々な葛藤が生まれることがあることを考えられるようにするために、ひろ子さんに自我関与させて定形外郵便のことを伝えるかどうか悩むこと、つまり、言いにくいことを、友達を信じて伝えるかどうか悩むときの気持ちを考えられるようにする。

④役割演技活用の意図

一人一人の児童が、友達を思って悩むときの気持ちを、多面的・多角的に考えられるようにするために、役割演技を通してひろ子さんへの自我関与を深め、お兄さんやお母さんから相反する意見を言われて、友達を思うからこそ悩む思いを自分事として考えさせる。

⑤展開の大要（主な発問○と留意点＊）

1　タブレット端末を活用して「友達関係」に関するアンケートに回答し、その場で結果を共有し、ねらいとする道徳的価値に関する問題意識をもつ。
○友達との関係を振り返って、どう思うか。

2　『絵葉書と切手』を読み、信頼し合う友達関係を築くよさを考える。
○お母さんとお兄さんの話を聞いて、どのように返事を書いたらよいか、迷ってしまったひろ子さんは、どのような気持ちだったのか。
＊友達に言いにくいことを、伝えるかどうか迷うひろ子さんを演じ、友達を思う気持ちを考えられるようにする（役割演技）。
＊即興性を重視するとともに、観衆の児童に対して演技を見る視点を明示する。
◎ひろ子さんは、どんな気持ちで知らせようと決心したのか。

＊お互いを理解し、信頼し合う友達関係を築くよさを考えられるようにする。

3　「友達関係」に関わる自分の体験を思い出し、そのときの気持ちを振り返る。

○友達を信じて行動して、もっと仲よくなれたと感じたことはありますか。

4　友達関係に関する教師の説話を聞き、友達と信頼し合うよさを考えられるようにする。

⑥評価の視点（役割演技の評価）

友達を思うからこそ悩むときの気持ちを、ひろ子さんを即興的に演じたり、自分事として演技を見たりして、多面的・多角的に考えているか。

---

⑦授業の実際（役割演技を中心に）

ウォーミングアップ

T　1年生のときからの仲のよい友達から、美しい絵葉書が届きました。どんな気持ちだと思いますか。私がお兄さんになって美しい絵葉書を渡しますから、みなさんはひろ子さんになって受け取ってください。

ひろ子、正子さんから絵葉書が届いたよ。

C　わぁ、正子さんからだ。元気かな。きれい。うれしいな。

C　会いたいな。どうしているかな。

T　はい、そこまで。ありがとうございます。どんな気持ちでしたか。

C　なつかしくて、とてもうれしい気持ちでした。

T　そうですか。仲のよい友達から、美しい絵葉書が届いたら、とてもうれしい気持ちなんですね。

条件設定

T　しかし、切手のお金が足りていませんでした。お兄さんがお金を払いました。さぁ、このことを正子さんに知らせるか、知らせないか、迷ってしまったひろ子さん。どんなことを考えたと思いますか。

知らせようと考えるひろ子さん（想像する時間を取る）、知らせないでおこうと考えるひろ子さん（想像する時間を取る）、それぞれの立場のひろ子さんになって、話し合ってもらいたいと思います。

では、C_Aさんは知らせようと考えるひろ子さん（C_Aに「知らせよう」と書いたカードをかける）、C_Bさんは知らせないと考えるひろ子さん（C_Bに「知らせない」と書いたカードをかける）になってください。用意はいいですか。見ているみなさんは、自分の考えと比べながら、よく聞いていてください。後から、他の考えはありますか、と聞きますからね。それでは、C_Bさんから始めてください。では、スタート。

即興的演技

C_B　料金不足については知らせないほうがいいよね。
C_A　でも、知らせたほうが、伝わるよ。
C_B　でも、お礼だけ言ったほうが正子さんはいい気持ちになると思う。
C_A　忘れないうちに言うべきだよ。
C_B　でも、料金不足についてのお返事だと、嫌な気持ちになるかもしれない。
C_A　けど、ちゃんと書いて送ったら、悪い気はしないと思うな。

役割交代

T　はい、そこまで。では、役を交代してみましょう。「知らせない」と考えるC_Aさんからどうぞ。
C_A　いつでも知らせられるから、今回は止めておこう。
C_B　でも、すぐに伝えたほうが次に葉書を送るとき、料金不足にならなくていいんじゃない。
C_A　でも、料金不足で送っても、その相手も何とも思わないいんじゃないかな。

C_B　でも、今知らせないと忘れちゃう。
C_A　忘れることないよ。

演技の終了と話合い

T　（教師がカードを外して）どうですか、やってみて。
C_A　知らせようと考えているときは、忘れないうちに言わないとって思って、でも言いにくいなと思って、困った。
C_B　知らせないようにしようと思ったのは、嫌な気持ちにさせたくないなって思ったから。
T　みなさんは二人が言っていることが、分かりますか（うなずく児童多数）。では、今二人が話してくれたことを、黒板にまとめてみますので、よく見ていてください（分類して板書）。お礼を伝えたい、嫌な気持ちにさせたくない、次に正子さんがまた料金不足になったらどうかな、という考えがでました。それ以外の考えがある人はいますか。では、C_Cさんは知らせない考えのひろ子さん（カードを渡す）、C_Dさんは知らせようと考えるひろ子さん（カードを渡す）、ではやってみましょう。みなさんは、よく聞いていてくださいね。始めます。スタート。

即興的演技

C_C 知らせなくていいよ。

C_D でも、大事な友達だから、教えたほうがいいんじゃないかな。

C_C いやぁ、でも、大事な友達だから言わないほうがいいような。

C_D でも、間違いはちゃんと教えてあげないと、また起きてしまうかもしれない。

C_C そのときはまた、その受け取った人が払えばいいよ。このくらい。

C_D それはよくないよ。

C_C いつかは、分かることだから、私は言わなくていいよ。

C_D いつかって…。

T **役割交代** はい、そこまで。では、役を交代してみましょう。

C_D 知らせなくていいよ。

C_C でも、料金不足を相手に払わせるってよくないよ。

C_D でも、せっかく優しい言葉で書いてくれたのに、注意するみたいな強いことを書いたら嫌だと思う。

C_C お礼を添えたらいいでしょ。

C_D お礼を添えたら大丈夫ってものでもないよ。

C_C　ううん、けど正子さんにちゃんと言ったほうが、いい気がするな。

C_D　でも、それで正子さんが傷付いて、友達やめるって言ったらどうしよう。

C_C　そのときは、そのときだよ。

C_D　ずっと、一緒に遊んできた思い出があるんだよ。

T　**演技の終了と話合い**　はい、そこまでにしましょう（カードを外して）。また、違った考えが聞こえてきましたね（うなずく児童多数）。やってみてどうでしたか。

C_D　知らせる考えは、友達のためという気持ちがあった。知らせない考えは、正子さんは優しい言葉を使ってくれたのに、注意するみたいで嫌だなって思った。

C_C　いろいろな気持ちがあったけれど、どちらも正子さんのためを思っているのは、同じだなって思いました。

T　みなさんどうですか（うん、分かる、など口々に）。

T　なるほど。どちらの立場であっても、正子さんを思う気持ちは同じだなって思ったんですね。それでは、二人の話してくれたことを黒板にまとめます。他の考えもあるよと言う人は、この後に教えてください。

（以下略）

（高橋晶子）

第3学年の役割演技

実践事例6　D「生命の尊さ」の授業実践

①主題名　すべての命を大切に（内容項目：D「生命の尊さ」）

②ねらいと教材

ア　ねらい　自分を含めたすべての生き物の生命を尊いものとして大切にしようとする態度を育てる。

イ　教材『ヒキガエルとロバ』（出典：文部科学省「わたしたちの道徳3・4年」）

③主題設定の理由（指導観）

ア　ねらいとする道徳的価値について【価値観】

人類がすべての生き物と共生していくことは、地球の未来だけでなく人類自身にとっても大切なことである。人類は他の生き物の命を考えて生きていく責任もあるが、その一方で、他の生き物の命を軽んじるときもある。そして、他の生き物だけでなく、現代社会では同じような感覚で、他人の命を軽んじる行為も見聞きする。自分の命と同じように相手の生命を尊重して相対することは人権感覚の基本であり、他者とよりよく生きていくために必要不可欠なものである。

そこで、小さな生き物の命にも目を向け、自分を含めたすべての生き物の命を尊いものとして大切にしようとする態度を育てるために、生命の尊さに気付き、すべての生命を大切にすることの素晴らしさを考えさせたい。

イ　児童の実態について【児童観】

生命の尊さに気付き、すべての生命を大切にすることの素晴らしさを実感させるために、以下のような指導を行った。

■理科

チョウの育ち方の学習では、実際にチョウの卵を観察することで、小さな粒から美しいチョウに成長する姿を見て生命の尊さを感じさせた。

■学校行事（避難訓練）

避難訓練に対して、なぜ真剣に取り組むことが大切なのかを繰り返し考えさせることで、一人一人のかけがえのない命を守ることや一つしかない生命の尊さを考えさせた。また、日常の指導では、横断歩道を正しく歩くことや信号をよく確認することで自分だけでなく友達の命を守ることにつながるということを伝え、生命の尊さについて考えさせた。

これらの指導により、自分だけでなくすべての生き物の命を尊いものとして大切にしようとする児童が多くなってきた。一方で、他者や他の生き物にも尊い生命があることに考えが至っていない姿も見られる。そこで、生命の尊さに気付き、すべての生命を大切にすることの素晴らしさを考えさせるようにしたい。

ウ　教材活用について【教材観】

本時では、生命の尊さに気付き、すべての生命を大切にすることの素晴らしさを考えさせるために、苦しい立場にありながらもヒキガエルを助けようとするロバに自我関与させる。その際、ロバがヒキガエルの命を重んじ守ろうとした心情から、ねらいとする道徳的価値を深めさせるようにする。また、ふざけ半分で、ヒキガエルに石を投げつけたり、命の尊さに気付かずに残酷な行為を楽しもうとしたりするアドルフたちにも自我関与して考えさせる。

④役割演技活用の意図

一人一人の児童が、生命の尊さやすべての生命を大切にすることについて、どのような考えをもっていたのかを自覚できるようにするために、どんな小さな命でも大切にしなければならないことを自分事として考えられるような役割演技を通して、ロバに自我関与できるようにする。

⑤展開の大要　（主な発問○と留意点＊）

1　命あるものについて考えていくという意識を、ねらいとする道徳的価値へ方向付ける。

○生き物を飼っているとき、どんな気持ちになりましたか。

2　『ヒキガエルとロバ』を読み、生命の尊さに気付き、すべての生命を大切にすることの素晴らしさを考える。

○子どもたちは、どのような気持ちでヒキガエルに石をぶつけたり、ロバが荷車を引いてやって来るのを見ていたりしていたのでしょう。

＊教師がヒキガエル役となり、アドルフ役の児童に問いかけることで命の尊さに気付いていない子どもたちに自我関与させる。

＊命の尊さに気付いていない子どもたちの気持ちを考えさせる。

○ロバは、どのような気持ちでヒキガエルのいるくぼみを避けて通ろうとしたのでしょう。

＊ロバとヒキガエルを演じて、生命の尊さに気付き、すべての生命を大切にすることを考えられるようにする（役割演技）。

＊即興性を重視するとともに、観衆の児童に対して演技を見る視点を明示する。

◎ヒキガエルとロバの姿をいつまでも眺めていた子どもたちは、どんなことを思っていたでしょう。

＊生き物の命の大切さに気付いた子どもたちの気持ちを押さえる。

3　自分の経験に照らし合わせ、命について考える。

○今までの生活で、身の回りの命を大切にしたことはありますか。それはどのようなことですか。

4　教師の説話を聞く。

⑥評価の視点（役割演技の評価）

自分自身の、生命の尊さやすべての生命を大切にすることについての考え方を基にして、ロバを即興的に演じたり、自分事として演技を見て考えたりすることができたか。

⑦授業の実際（役割演技を中心に）

T　子どもたちは、どのような気持ちでヒキガエルに石をぶつけたり、ロバが荷車を引いてやって来るのを見ていたりしていたのでしょう。

C　なんか気持ち悪いからやっつけよう。

C　みんな楽しそうだから、のりでやろう。

T　それはどんな気持ちからですか。

C　石が当たったら、みんな盛り上がるし、おもしろいなという気持ち。

T　ヒキガエルは、わだちのくぼみの中に行きましたね。ただ、そこへ、荷車を引いてやって来るロバの姿がありましたね。このときのアドルフは、どんなことを考えていたでしょうか。

ウォーミングアップ

それでは、先生がヒキガエル役になって問いかけますから、アドルフ役になって答えてください。

T　荷車にひかれてしまうよ。

C　石をぶつけるよりも、このまま見ていたほうがおもしろそうだな。

T　ぼくにだって命があるのに、なんでそんなことをするんだよ。

C　みんなで遊びでやってて、おもしろいからだよ。

T　今の考えをまとめてみます。子どもたちは、ふざけ半分で石を投げつけたり、おもしろそうだからと荷車にひかれそうなヒキガエルを見ていたりしていました。

条件設定

さて、荷車を引いてロバがやってきます。ロバはふと、自分の足元で傷を負ってじっとしているヒキガエルに気付きました。そして、ロバは力をふりしぼり荷車をヒキガエルのいるくぼみから出し、くぼみを避けて通ることができました。そこで、ロバとヒキガエルになって、すべての生命を大切にすることについて話し合ってもらいます。ロバとヒキガエルを演じながら、考えたいと思います。

それでは、C_AさんとC_Bさん前にお願いします（教師がC_Aの首にロバの絵が描かれたカードをかける）。C_Aさんは、ロバです。今は、あのロバさんになりました。では、C_Bさんも前にお願いします（教師がC_Bの首にヒキガエルの絵が描かれたカードをかける）。ヒキガエルさんになりました。それでは、演じてもらいます。いきますよ。3・2・1、アクション。

即興的演技

C_B　もう動けないよ。

C_A　なんだか小さな生き物がいるな。どうしたんだろう。

C_B　石をぶつけられて、もう動くことができないんだ。

C_A　それは大変だ。ひいたりしないから、大丈夫だよ。

C_B　ありがとう。

演技の中断と話合い

T　カット。それではここで一度、止めます。では、今演技をしていた人たちに聞いてみますね。ロバさんを演じてみて、どんな感想をもちましたか。

C_A　ヒキガエルさんがかわいそうだと思いました。自分は荷物が重くて大変だけど、どうにかして助けてあげなくてはと思いました。

T　ヒキガエルさんは、どう思いましたか。

C_B　「ロバさんありがとう」という気持ちになりました。ロバさんも荷物が重くて大変なのに。

T なるほどね。見ていた人たちは、どうですか。

C 自分も大変な思いをしているのに、ヒキガエルのことも助けるロバがすごいと思いました。

T どうして自分も大変なのに、ヒキガエルを助けたのかな。

C ヒキガエルを死なせたくないからだと思います。

C 命だから守らなきゃと思って助けたのだと思います。

役割交代

T では、役を交代して演じてもらいます（首にかけているカードを入れ替える）。それでは、始めます。3・2・1、アクション。

C_A 石をぶつけられて、痛いよ。

C_B 重い。重いぞ。もう無理だ。あれ、ヒキガエルさんがいるぞ。

C_A 痛いよ。

C_B なんとか道を変えてあげなくちゃ。

C_A ありがとう。助けてくれて。

演技の終了と話合い

T　はい、カット。それでは、演じた二人に感想を聞いてみます。ロバさんを演じてどうでしたか。

C_B　もし、友達がいたら助けないといけないという気持ちでした。小さい生き物だけど、どんな命でも大切だから助けないといけない。

C_A　小さいのに見つけてくれて、助けてくれてありがとうという気持ちでした。

T　見ていた人たちは、感想やロバさんとヒキガエルさんに質問はありますか。

C　ヒキガエルさんが休んでいて、「動けないから自分が動かないと」という気持ちと、「同じ生きている仲間だから助けないと」という気持ち。

C　命は命だから、自分が大変でも助けてあげないといけないという気持ち。

T　ありがとうございます。どんな命でも大切だから、小さくても命は命だからという気持ちだったのですね。

（以下略）

（安村侑記）

第4学年の役割演技

実践事例7 A「善悪の判断、自律、自由と責任」の授業実践

①主題名　進んで正しいことを　（内容項目：A「善悪の判断、自律、自由と責任」）

②ねらいと教材

ア　ねらい　正しいと思ったことは、進んで行おうとする心情を育てる。

イ　教材　『よわむし太郎』（出典：文部科学省「わたしたちの道徳3・4年」）

③主題設定の理由（指導観）

ア　ねらいとする道徳的価値について【価値観】

私たちは、よいと信じることに対して実行できたときに充実感を得る。一方で悪いことと知りながら、つい周囲の状況に流されたり、自分の弱さに負けたりして、自らの行いに悩むこともある。正しいと判断したことは進んで行うことができるように指導したい。特に、正しくないと考えることに対しては、周囲の状況に流されることが

ないように、きっぱりと否定する態度を育てることが大切である。

そこで、正しいと思ったことは、進んで行おうとする心情を育てるために、正しくないことを断ったり、止めたりするときのよさや難しさについて考えさせたい。また、自らが信じる正しいと思ったことを進んで行うと、充実した気持ちを得ることについても考えさせたい。

イ　児童の実態について【児童観】

正しくないことを断ったり、止めたりするときのよさや難しさについて考えさせるために、以下のような指導を行った。

■国語科

「言葉で考えを伝える」の学習では、自分の考えを相手に伝えるために、どのような言葉をどのように使ったらよいかを考える学習を行った。正しい言葉を使うことのよさとともに、難しさについても具体的な話合いによって考えさせた。

■学級活動(1)

「学級の約束を考えよう」の議題から、善悪の判断を視点に約束について考える活動を行った。決めた約束を守るという正しい判断をすることで、気持ちよく生活できるよさを実感させるようにした。

また、日常の指導では、当番活動や係活動の中で、正しい判断をして活動している児童の様子を休み時間や帰りの会などで紹介し、称賛した。

これらの指導により、正しいと思ったことは、進んで行おうとする児童の様子が多く見られるようになってきた。一方で、つい正しくないことを断ったり、止めたりできないでいる状況も見られる。そこで、正しくないことを断ったり、止めたりするときのよさや難しさについて、改めて考えさせるようにしたい。

ウ　教材活用について【教材観】

本時では、正しくないことを断ったり、止めたりするときのよさや難しさを考えさせるために、との様から白い鳥を守るよわむし太郎に自我関与させる。これまでの自分を振り返り、正しくないことを断ったり、止めたりするときのよさや難しさについて、自分との関わりで考えさせる。その際、よわむし太郎が優しいから、子どものためだからという発言だけに終始してしまうことがないようにしたい。そこで、「正しいと思ったことは、進んで行おうとする」という視点を示し、話合いの方向性を明らかにする。さらに、村の子どもたちにも自我関与させることで、正しいと判断した行いに対する感じ方についても想起させる。正しいと思ったことを進んで行うよさを考えさせるようにする。

④役割演技活用の意図

一人一人の児童が、正しくないことを断ったり、止めたりするときのよさや難しさについて、どのような考えをもっているのかを自覚できるようにする。よわむし太郎に自我関与できるようにするために、正しくないことを止め、正しいと思ったことは、進んで行おうとするときのよさと難しさを想像できるような役割演技を行う。

⑤展開の大要（主な発問〇と留意点＊）

1　「善悪の判断」について、ねらいとする道徳的価値へ意識を方向付ける。

〇正しいと思ったことができないと、どのような気持ちになると思うか。

2　『よわむし太郎』を読み、正しくないことを断ったり、止めたりするときのよさや難しさを考える。

〇太郎は、どんな気持ちで鳥の世話をしていたのか。

＊正しいと判断して実行するときの気持ちを自分事として考えさせる。

◎太郎はどのような思いで、「どうか、助けてやってください」と言って、との様の前に立ったのだろう。

＊太郎を演じて、正しくないことを断ったり、止めたりするときのよさや難しさについて考えられるようにする（役割演技）。

＊教師がとの様役になり、太郎役の児童に問いかけ、考えさせる。

＊即興性を重視するとともに、観衆の児童に対して演技を見る視点を明示する。

○太郎の周りに走り寄った子どもたちは、どんな気持ちだったか。

＊正しいと判断した行いを想起させ、そのときの感じ方についても考えさせる。

3　「善悪の判断」に関わる自分の体験を想起し、そのときの気持ちを振り返る。

○今までの生活で、迷ったけれど自分が正しいと思うことを行動に移してよかったことはあるか。そのとき、どのような気持ちだったか。

4　教師の説話を聞いて、正しいと思ったことを進んで行うよさを考える。

⑥評価の視点（役割演技の評価）

正しくないことを断ったり、止めたりするときのよさや難しさに対する自分自身の考え方を基に、太郎を即興的に演じたり、自分事として演技を見て考えたりすることができたか。

⑦授業の実際（役割演技を中心に）

ウォーミングアップ

T　太郎は、弓を構えたとの様の前に両手をいっぱいに広げて立ちはだかりましたね。私がとの様役で弓を構えるので、みんなは太郎になってせりふを言ってみましょう。

（教師は弓を構える動作をして）お前も鳥と一緒に仕留めてしまうぞ。

動作化

全C　どうか、助けてやってください。

中心的な発問

T　太郎はどのような思いで、「どうか、助けてやってください」と言って、との様の前に立ったのでしょうか。

条件設定

みんなに考えてもらいたい状況を説明しますね。とても強いとの様は、家来を連れて、村の子どもたちが大切にしている白い大きな鳥を弓でねらっています

（教師が動作化によって、その状況を示す）。との様たちは、子どもたちが鳥を大切にしているなんてことはちっとも知りません。このままでは、白い大きな鳥が、仕留められてしまいます。そこに太郎が、両手をいっぱいに広げて「どうか、助けてやって

ください」と言って、との様の前に立ちはだかります。みなさんには、正しくないことを断ったり、止めたりするときのよさや難しさについて話し合ってもらいます。誰かに太郎を演じてもらいます。先生はとの様を演じます。一組目の人で、太郎役をしてくれる人はいますか。（C_A挙手）それでは、C_Aさん、前に出てきてください。みなさん、この人は誰ですか（児童「C_Aさんです。」）。このカードを首にかけたらC_Aさんは、太郎になります。私はとの様です（C_Aの首にカードをかけ、教師は自身の首にもカードをかける）。では、劇を始めますよ。3、2、1（児童「アクション」）。

即興的演技

T どけっ。邪魔をすると、お前も鳥と一緒に仕留めてしまうぞ。

C_A どうか、助けてやってください。

T なぜ、邪魔をするのだ。鳥くらいよいではないか。

C_A この鳥は、村の子どもたちが大切に育てているのです。

T 一羽くらいよいではないか。わしは狩りをしたいのだ。

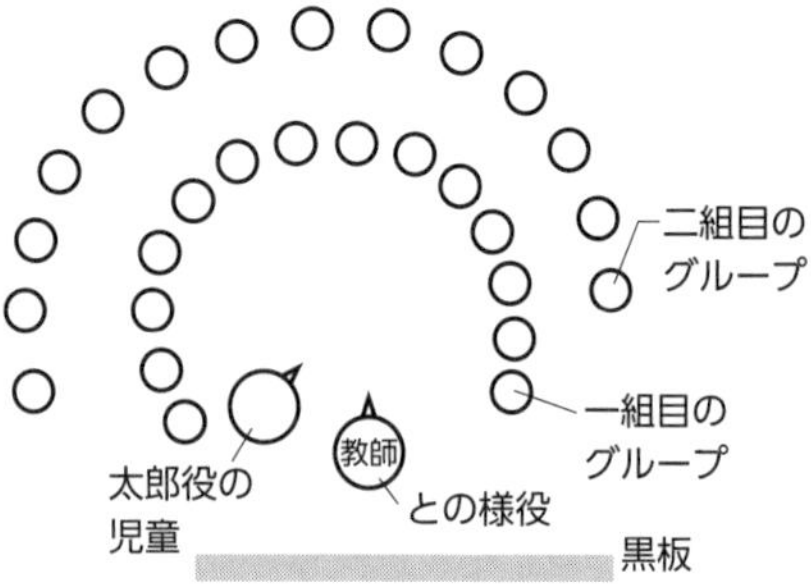

C_A　みんなが大事にしている鳥を取らないでください。
T　弓を持っているわしが怖くないのか。
C_A　怖いですが、本当に大事な鳥なんです。どうか、助けてやってください。

演技の中断と話合い

（教師が手を叩く素振りを強調して見せる。児童「カット！」）はい、それではここでいったんストップします。（教師がカードを外して）C_Aさん、演技をしてみて、どんな感想をもちましたか。
C_A　との様は強いし、弓を持っているし、家来もいるから、本当は前に出るのをどうしようか迷うと思いました。
T　なるほど、でも太郎はとの様の前に立ちはだかったのですね。どんな気持ちでしたか。
C_A　村の子どもたちと大切に育てた鳥を打たせてはいけないという強い気持ちでした。
T　そうですか。自分が正しいと思って、怖かったけど行動したのですね。一組目のグループで、太郎の立場になって聞いていた人はどうですか。
C　私もC_Aさんと同じように、との様に「どけっ」って言われたら、ちょっと怖いけど、村の子どもたちと一生懸命育てていたことを知ってほしいと思いました。

T　Cさんも、何も言わないで、黙っているのは間違っていると思ったのですね。では、二組目の人で、演技を見ていてどんなことを考えましたか。教えてください。（二組目の児童挙手）はい。Cさんどうぞ。

C　太郎は、との様にいろいろ言われちゃったけど、自分の考えをしっかりと言えていてよかったと思いました。

T　なぜ、よかったと思ったのですか。

C　子どもたちが大切に育てたことを知っていて教えないのは、おかしいからです。

T　なるほど。Cさんの話と似ている。少し違うという人はいますか（対話）。

役割交代　では、今度は二組目の人に太郎の役を代えてやってみます。やりたい人はいますか。（C_B挙手）では、C_Bさん前に来てください（C_Aと同じ流れで役割演技を開始する）。

T　どけっ。邪魔をすると、お前も鳥と一緒に仕留めてしまうぞ。

C_B　どうか、助けてやってください。

T　ならぬ。わしは狩りがしたいのじゃ。村の子どものことなど知るものか。

C_B　本当にみんなで大切に育ててきたのです。との様だって大切なものを取られたら悲しいでしょう。

T　なぜ、そこまでして、わしの前に出てくるのだ。

C_B　正しいことを言わなければ、いけないと思うからです。

T　（教師が手を叩く素振りを強調して見せる。児童「カット！」）（教師がカードを外して）はい。C_Bさん、感想を聞いてみます。（以下略）三つ目の発問を行う（略）。

演技の終了と話合い

T　みんなとの話合いから、との様のときのように、正しくないことを止める難しさが出されました。だけど、正しいと考えたことをちゃんとすると、それが自信になったり、心がほっとしたりするよさもあるようでしたね。お話はこれで終わりです。これまでの自分を見つめてみましょう。タブレットを開いてください。

※役割演技を基にした話合いから、これまでの自分を見つめ、「自分が正しいと思うことを行動に移したことはあるか。そのとき、どのような気持ちだったか」について、児童はタブレットに書く。大型テレビにキーワードを映し出すことで、対話の契機とし、考え方の共有を行う。

（以下略）

（小島嘉之）

第4学年の役割演技

実践事例8 C「家族愛、家庭生活の充実」の授業実践

①主題名　家族の一員として（内容項目：C「家族愛、家庭生活の充実」）

②ねらいと教材

ア　ねらい　愛情をもって育ててくれている家族の気持ちを考え、家族のみんなと協力し合って楽しい家庭をつくっていこうとする心情を育てる。

イ　教材　『ブラッドレーのせい求書』（出典：文部科学省「わたしたちの道徳3・4年」）

③主題設定の理由（指導観）

ア　ねらいとする道徳的価値について【価値観】

児童が所属する基盤となる社会は家庭である。家庭は、児童にとって生活や団らんの場であると同時に、児童が最も心を安らげる場となっている。

しかし、時には児童にとって家族の思いが伝わらず、自分は認められていないという不安に陥ることや、生活の中でしてもらって当たり前という気持ちになることもある。家族は、自分の一番近くにいて、支えてくれる存在であるからこそ認めてほしいと感じる。家族の愛情の深さを知ることで、安心して生活できるのである。

そこで、家族の深い愛情によって今の自分があることや、これまでの成長につながっていることを考えさせたい。

イ　児童の実態について【児童観】

家族の深い愛情によって今の自分があることや、これまでの成長につながっていることを考えさせるために、以下のような指導を行った。

■国語科

インタビューの学習では、家族に話を聞くことで、アドバイスをもらってやる気を出すなど家族とのコミュニケーションを大事にできるようにした。

■学校行事（運動会）

運動会の表現では、花笠音頭を家族に一番近くで見てもらいたいという思いや、成功して褒めてもらったことを運動会ノートの感想に書くことで、家族が成長に関わってくれていることを実感した。

これらの指導により、かけがえのない家族の一員であることに気付く児童が増えてきた。一方で、家族に対する依頼心が強い児童も少なくない。そこで、家族と協力し合って楽しい家庭にしていくことのよさを考えられるようにしたい。

ウ　教材活用について【教材観】

家族と協力し合って楽しい家庭にすることのよさを考えさせるために、ブラッドレーに自我関与させ、家族の無償の愛に気付いたときの思いを考えさせる。そして、お金を要求してしまったこと、母の自分に対する無償の愛情の深さを考えさせる。家族のありがたさを知り、自分も家族の役に立ちたいと考え、家族の喜びが自分の喜びになることにも触れさせる。

④役割演技活用の意図

一人一人の児童が、自分に対して愛情をもって育ててくれている家族の気持ちに対して、どのような考えをもっていたのかを自覚できるようにするために、ブラッドレーに自我関与して、受け取ったばかりのお金をお母さんに返したときの気持ちを想像できるように役割演技を活用する。

⑤展開の大要（主な発問○と留意点＊）

1　家族アンケートを提示し、ねらいとする道徳的価値へ意識を方向付ける。
○家族の一員として、家庭で協力しているとき、どんな気持ちか。
2　『ブラッドレーのせい求書』の教室シアターを視聴して、話し合う。
○お母さんのお皿の横に請求書を置いたブラッドレーは、どんな考えだったか。
＊家族との関わりをブラッドレーに自我関与して考えさせる。
○お母さんの請求書を読んで、ブラッドレーはどんな気持ちだったか。
＊家族の無償の愛に気付いたときのブラッドレーに自我関与して考えさせる。
◎「お母さんごめんなさい」と言ったブラッドレーは、どんな気持ちだったか。
＊ブラッドレーとお母さんを演じて、家族に協力することのよさを考えられるようにする（役割演技）。
3　「家族」に関わる自分の体験を思い出し、そのときの気持ちを振り返る。
＊即興性を重視する。周りで観ている児童に対して演技を見る視点を明示する。
○今までの生活で、「家族がいてよかった」と思うことはあるか。
4　音楽入りのスライドショーを視聴して、家族への無償の愛情について考える。

⑥評価の視点（役割演技の評価）

自分自身の大切な家族への思いについての考え方を基にして、登場人物を、即興的に演じたり、相手の演技を見て自分事として考えたりすることができたか。

⑦授業の実際（役割演技を中心に）

T　お母さんのお皿の横に請求書を置いたとき、ブラッドレーはどんなことを考えていたでしょう。請求書をそっと置くまねをして、考えてみましょう。

ウォーミングアップ

C　お母さん、早く請求書を読んでくれないかな。

C　お母さんは、お小遣いくれるかな。

C　楽しみだな。

T　それでは、請求書を見たブラッドレーになって答えてください。すべて0ドルと書かれたお母さんの請求書を読んで、ブラッドレーはどんな気持ちだったでしょう。

C　お母さん、ごめんなさい。

C　お母さんは、ぼくのことを0ドルで守ってくれていたんだね。

C　お金なんて関係なかったんだ。

C　請求書なんて書いてしまって…、どうしよう。
T　それはどんな思いからですか。
C　お金を払うとか払わないとかじゃなくて、ブラッドレーを、自分の子どもとして大切にしてくれていたことに気付いたってこと。
C　「お小遣いをくれるかな」という軽い気持ちで請求書を書いてしまった自分が恥ずかしいし、残念でならない。
T　みなさんから出された考えをまとめてみると、お小遣いがもらえるかなと、軽い気持ちで、ついお母さんに請求書を書いてしまったブラッドレーですが、お母さんの請求書を見てお母さんに謝ろうと考えます。

条件設定　お母さんに駆け寄ったブラッドレーは、「お母さんごめんなさい」と言って、さっき受け取ったばかりのお金を、お母さんの手に返します。そして、その後で二人は、いろいろな話をしたと思います。そこで、ブラッドレーとお母さんになって、家族を大切にする気持ちについて話し合ってもらいます。ブラッドレーとお母さんを演じながら、お互いの気持ちについて考えたいと思います。

それでは、C_Aさん、C_Bさん、前に出てきてください（どちらの役を先にやりたいか確認をした上で、C_Aの首に登場人物のカードをかける）。今から、C_Aさんは、ブラッドレーですよ。もうC_Aさんではありません。（C_Bの首に登場人物のカードをかけながら）今から、C_Bさんは、ブラッドレーのお母さんです。C_Bさんではありません。ここは、ブラッドレーの家の台所です。ブラッドレーは、お母さんに駆け寄って「お母さんごめんなさい」と言ったらお互いの気持ちについて話し合ってもらいます。いいですか。それでは、3、2、1、スタート。

即興的演技

C_A　（お母さんに駆け寄って）お母さんごめんなさい。

C_B　なんで謝るの。

C_A　よく考えてみたら分かりました。自分のことしか考えずに、ただお小遣いがほしくてお母さんからお金をもらおうと思ってしまったんだ。

C_B　そうなのね。

C_A　お母さんは、こんなに大変で、ぼくには、いつも当たり前のようにたくさんのことをしてくれていたことに改めて気付いたんだ。だから、この4ドルは、返します。

C_B　お母さんのことも考えてくれたのね。ブラッドレー、あなたは、気付いてくれると思ったわ。

演技の中断と話合い

T　はい、それではここで一度、止めてみましょう。では、今、演技をした人に聞いてみます。ブラッドレーはお母さんの話を聞いてみて、どんな感想をもちましたか。

C_A　お母さんは、ブラッドレーに気付いてほしかったんだと思いました。

T　どんなことを。

C_A　家族の一員として、お金なんかいらないけど、お母さんは子どものことを思って大切にしてくれるし、育ててくれていることを自分から分かってほしかったんだと思う。

T　お金をあげてまで気付いてほしかったのかな。

C_B　お母さんは、ブラッドレーを自分の子どもだから信じていたと思う。

T　お母さんはブラッドレーの話を聞いて、どんな感想をもちましたか。

C_B　やっぱり、ブラッドレーは気付いてくれた。大丈夫かなって心配もあったけど、自分のことだけじゃなくお母さんのいつもやっていることは、当たり前じゃないことを分かってくれてうれしい。

T　周りで見ていた人はどうですか。ブラッドレーは、こんなことを考えたのではないかなということはありますか。

C　ブラッドレーは、悪気はなかったけど、つい調子に乗ってやっちゃったんだなと思った。

C　だけどそのことが、家族の気持ちを知るきっかけになったからよかった。

T　**役割交代**　では、今度は役を交代してやってみます。

C_B　（お母さんに駆け寄って）お母さんごめんなさい。

C_A　分かってくれればいいのよ。

C_B　これからは、お母さんが助かるようにたくさんお手伝いをするよ。

C_A　うれしい。お母さんも変わらず、ブラッドレーを大切にしますよ。

T　**演技の終了と話合い**　（役割演技のカードを外すことで、現実に戻る）
今、ブラッドレーとお母さんの両方を演じてもらいました。まず、どちらが演じやすかったですか。

C_B　ブラッドレーのほうがやりやすかった。

T　それはどうしてですか。

C_B　ブラッドレーは子どもだからかな、気持ちが似ていて分かりやすかった。

T　C_Aさんはどうですか。

C_A　私は、お母さんのほうがやりやすかったです。

T　それはどうしてですか。

C_A　はじめに、ブラッドレーを演じてみたけど、お母さんの気持ちのほうが自分の気持ちに近くて、家族を大切に思う気持ちが分かりやすかったからです。でも、両方の役になりきって演じたから、お互いの気持ちが分かってよかったです。

T　はい、ありがとうございました（拍手）。

家族は、大切で、お金ではなくお互いが支え合っていることや自分にできることがあるなどの考えが出てきましたが、家族の一員として、みなさんが家族に伝えたいことは、どんな気持ちですか。

C　病気のときに優しくしてくれてうれしかったよ。

C　これからも、家族でずっと仲よくしようね。

（以下略）

（鈴木貴代美）

第5学年の役割演技

実践事例9　B「友情、信頼」の授業実践

①主題名　友達を思う心（内容項目：B「友情、信頼」）

②ねらいと教材

ア　ねらい　友達と互いに信頼し合い、友情を深めていこうとする心情を育てる。

イ　教材　『友のしょうぞう画』（出典：光村図書「きみがいちばんひかるとき5」）

③主題設定の理由（指導観）

ア　ねらいとする道徳的価値について【価値観】

心から信頼できる友達関係とは、豊かに生きる上での重要な人間関係と言える。友達とは、学習活動や生活の様々な場面を通して理解し合ったり、助け合ったりし合う対等な立場であり、与え合う存在である。また、ときには叱咤《しった》激励し合いながら互いに人間性を高めていこうとする切磋琢磨《せっさたくま》の精神をもつことで、互いの資質や能力を高

めていく存在となる。すなわち、互いの考え方を交え、豊かに生きる上での大切な相手として、互いの成長とともにその影響力を拡大させていくことがよりよい友達関係へとつながっていく。

そこで、友達と互いに信頼し合い、友情を深めていこうとする心情を育てるために、友達を大切に思うよさを考えられるようにしたい。

イ　児童の実態について【児童観】

友達を大切に思うよさを考えることができるように、以下のような指導を行った。

■おおたの未来づくり（地区の教育活動）

グループ内で役割を担い、一つのゲームを完成させていく上で、互いの考えに齟齬《そ ご》が生まれた。そこで、友達のことを思うからこそ、どのようにするとよいかを考える機会を設定した。児童は互いに理解し、協力し合おうとする姿が増えた。

■学校行事（運動会）

運動会でのダンスの振り付けを教え合う活動に際して、互いのよさや持ち味を生かしながら、協力して学び合う様子を紹介し、友達を大切に思うよさを実感できるようにした。

また、日常の指導では、休み時間や給食指導において、ものの見方・考え方に着目し、個別に指導を続けてきた。そして、友達を思いやる場面や異性の友達に対しても分け隔てなく互いを認め合い、尊重し合う児童の様子を見取り、価値付けてきた。

これらの指導により、相互の信頼の下に、友達を大切な存在として思い、助け合おうとする児童が多くなってきた。一方で、自分の利益にこだわり、協力し合えなかったり、仲のよい友達とのみ関わり合い、閉鎖的な仲間集団をつくったりしている状況も見られる。そこで、改めて友達を信頼するよさを考えられるようにしたい。

ウ　教材活用について【教材観】

本時で最も考えられるようにしたいことは、友達を信頼するよさを感じたときの思いである。そこで、和矢に自我関与した児童に、「和矢は、『友のしょうぞう画』を見たとき、章太にどのようなことを伝えたかったでしょう」と問い、これまでの自分の経験を基に考え、価値理解を図る。また、「必ず手紙を書くよ」と伝え、章太の乗った車両が見えなくなるまで手を振っているときの思いを和矢に自我関与して考えられるようにする。返事がこなくなり、手紙が書きづらくなった和矢の思いを考えることで、状況に左右され、友達を疑ったり友情を信じきれなかったりしたときの思いを児童が自分事として考えられるようにする。

④役割演技活用の意図

友達を信頼するよさを相互の役割を与えて即興的に演技することで、その場に応じた身のこなし、表情等を選びながら、自分の考えを自覚することができるようにする。また、友情は相互の関係である。双方の役割を担うことで、一度は友達を疑ったことと、友達を一途に思い続けた思いの深さの違いを考えたり、友達を信頼することのよさを考えたりできるようにする。

⑤展開の大要（主な発問〇と留意点＊）

1　「友達」について話し合い、ねらいとする道徳的価値を自分との関わりで考えようとする構えをもつことができるようにする。

〇あなたにとって「友達」とはどんな人か。

2　『友のしょうぞう画』を読み、友達を信頼するよさを考える。

〇「必ず手紙を書くよ」と伝え、章太が乗った車両が見えなくなるまで手を振る和矢はどんな思いだったか。

＊友達と助け合い、励まし合っていこうとするときの思いを考えられるようにする。
○手紙がこなくなったとき、どのような思いから手紙を書きづらくなってしまったか。
＊状況に左右され、自分への思いを不安に感じたり、友情を信じ続ける気持ちが失せてしまったりするときの心の弱さを考えられるようにする。
◎和矢は、「友のしょうぞう画」を見たとき、章太にどのようなことを伝えたかったか。
＊和矢と章太を演じて、友達を信頼するよさを多角的に考えられるようにする（役割演技）。
＊即興性を重視するとともに、観衆の児童に対して演技を見る視点を明示する。
3 「友達」に関わる自分の経験を想起し、そのときの思いを振り返る。
○これまでに「信頼できる友達がいてよかった」と思ったことはあるか。
4 教師の説話を聞き、自分自身が考える友達を信頼するよさを実感する。

⑥評価の視点（役割演技の評価）

友達を信頼することのよさについての考え方を基にして、登場人物を即興的に演じたり、自分事として演技を見て考えたりすることができたか。

⑦授業の実際（役割演技を中心に）

T　章太から手紙がこなくなって、もう友達じゃなくなった、嫌われた、他の友達ができたのかなって不安な気持ちになったりしたのですね。

C　手紙がこないと、心配するより、裏切られたように思います。

C　友達に約束を破られると、自分からも手紙を送りたくなくなりそうです。

T　そうなんですね。ずっと仲がよかった友達からの手紙が届かなくなり、自分からも手紙を送らなくなって、半年以上が過ぎました。デパートで開かれている展覧会に行くと、なんと章太の作品も飾られていました。そこには、「友のしょうぞう画」という作品名が付いていました。

（「曲がった線やはみ出してぬってある色」と板書する）

C　手がうまく使えないってことだと思います。

C　苦労しながら、「友のしょうぞう画」を描いたから大変だった気がします。

T　なるほど。「友のしょうぞう画」のモデルは、和矢ですね。

ウォーミングアップ　さて、絵を見て、解説を読むと、苦労して描かれた絵のモデルのKくんは自分のことであることが分かりました。和矢は帰りのバスの中で、じっと目を閉じて考えます。みんなもじっと目を閉じて、和矢になってみましょう。

C　後悔してそうです。ごめんって思っています。

T　この絵「友のしょうぞう画」を和矢が見たとき、章太にどのようなことを伝えたかったでしょうか。

・・・

条件設定

手紙を書く前に、まずは今の思いを電話で伝えようと思いました。そこで、和矢と章太になって、友達を思う気持ちを話し合ってもらいます。それでは、C_Aさん、C_Bさんは前へ来てください。C_Aさんは、和矢です（教師がC_Aの首にカードをかけながら、C_Aは回転する）。せーの。

C大勢　和矢さーん。

T　C_Bさんは、章太です（教師がC_Bの首にカードをかけながら、C_Bは回転する）。せーの。

C大勢　章太さーん。

T　みんなも、和矢と章太の思いを一緒に考えてください。それでは、用意スタート。

即興的演技

C_A　章太、久しぶり。体調はよくなった？　デパートで飾られている絵を見たよ。Kくんってぼくのことだよね。びっくりした。
C_B　そうだよ、和矢のことだよ。和矢のことを思い出しながら描いたよ。
C_A　ぼくのこと気にしてくれてたの？　手紙がこないから、もう忘れてしまったのかもしれないって思ってた。
C_B　そんなことないよ。早く和矢に会ってサッカーしたり、遊んだりしたいなってずっと思っていたよ。
C_A　ごめんね。ぼく、誤解していた。本当にごめんね。
C_B　ぼくたちはずっと友達だよ。退院したら、また一緒に遊ぼう。

演技の中断と話合い

T　はい、ストップ。和矢は章太の話を聞いてみて、どんなことを思いましたか。
C_A　章太は、和矢のことを大切な友達とずっと思い続けていたし、だから絵も描いたと思いました。
T　章太は和矢の話を聞いて、どんな感想をもちましたか。
C_B　手紙を送れなくなっても、章太は和矢を信用していたけれど、和矢の気持ちはちょっと違ったのかなと感じました。

T　和矢と章太の気持ちはどのように違ったの？　見ていた人たちもどう思いましたか。

C　章太は、ずっと和矢を信用していたけれど、和矢は手紙がこなくなったときに、本当に友達なのかなと迷ってしまったと思います。

C　途中までは互いに大事に思っていたけれど、病気で苦しんでいるのに親友の絵を描いた章太のほうが、友達への思いが強いと思います。

T　**役割交代**　では、役を交代してやってみましょう（設定を再度確認）。

C_B　今日、章太の絵を展覧会で見たよ。ぼくのこと描いてくれたの？

C_A　そうだよ。病気のせいで上手には描けなかったけれど、やっと完成した絵なんだ。そういえば、字が書けなくて、手紙を書くことができなかったよ。ごめんね。

C_B　絵を見たとき、涙が出てきたよ。手紙が来なかったからもうぼくのこと忘れてしまったのかなって心配していたんだ。ぼくのことを今も親友って思ってくれているんだって分かってうれしかったよ。

C_A　当たり前だよ。親友だよ。

C_B　忘れてしまったのかなって考えてごめんね。ぼくにとって章太は大切な友達だよ。

T　**演技の終了と話合い**　はい、ストップ。二人にまた聞きます。話を聞いてみて、どんなことを思いましたか。

C_B　和矢は友達を心から信じることができていなかったのかなと思いました。

C_A　本当に大切な友達のことは、信じないといけないと思います。信用し合うことで、もっと友達との仲が深まると思います。

T　演じた二人はC_AさんとC_Bさんに戻ります（教師がカードを外す）。ありがとうございました（拍手）。席に戻りましょう。今、二人が話してくれたのは、友達を心から信じることは大切、互いに信じ合えたら仲がもっと深まっていくということでした。聞いていたみなさんは、どう思いましたか。

C　友達と助け合ったり、協力したりするためには、相手の気持ちを考えて信じることが大事だと思いました。

C　信頼し合えているって大事だなって思いました。

T　信頼し合うってどんな関係のことなのか、改めて考えてみましょう。

（以下略）

（伊藤育美）

実践事例10 C「家族愛、家庭生活の充実」の授業実践

①主題名　家族の思いを感じて　（内容項目：C「家族愛、家庭生活の充実」）

②ねらいと教材

ア　ねらい　家族の深い愛情に気付き、自分も家族のために役立とうとする心情を育てる。

イ　教材　『卵焼き』（出典：東京書籍「新しい道徳5年」）

③主題設定の理由（指導観）

ア　ねらいとする道徳的価値について【価値観】

児童が生を受けて初めて所属する社会は家庭である。その中で、家族の愛情を受け、家族との関わりの中で大事に育てられている。よって、家庭は、児童の人格形成の基盤をつくっているとも言える。

親の子どもに対する愛情は測り知れない。なぜなら、親にとって子どもは、自分の命をかけても守りたい存在だからである。常に子どものことを思い、子どもの痛みを自分事以上に感じ、どうにかしてあげたいと考えている。そのような思いが大きければ大きいほど、子どもをほめるだけでなく、ときには本気で叱ることもある。それは、子どもの幸せを第一に考え、よりよく生きていってほしいと願っているからである。

しかし、児童にとって、家族は生まれてからいつも自分のそばにいる当たり前の存在である。それだけに、家族の自分に対する愛情の深さにはなかなか気付くことができない。自分の幸せを一心に願い、無償の愛で育てている家族の愛情の深さは、実際に親になったときしか分からないかもしれない。家族に対して感謝の思いをもち、自分も家族に何かできることをしていきたいという心情を育てるために、家族の深い愛情を考えさせたい。

イ　児童の実態について【児童観】

家族のことを楽しそうに話す児童が多い。反面、高学年になり反抗期に入ってきたこともあり、「お母さんは、怒っていて、何も分かってくれない」など不満を口にすることもある。それでも、学校行事では家族の人に見てもらうために一生懸命に練習したり、移動教室では温かい表情で家族へのお土産を選んだりしている。

思春期に入ろうとしている時期だからこそ、家族の深い愛情を考えさせることで、いつも自分のことを大切に育てている家族に感謝の思いをもち、家族のためにできることのよさを考えさせていきたい。

ウ　教材活用について【教材観】

主人公由紀は、遠足のお弁当に卵焼きを楽しみにしていた。しかし、遠足前日の夜、由紀の家では卵を切らしていて、両親に思いを受け入れてもらえなかったが、次の日弁当箱を開けると卵焼きが入っていた。帰宅後、卵焼きに関わる話を母親から聞き、家族の思いに気付く話である。この教材を通して、家族のためにできることのよさを考えさせるために、普段気付くことができない家族の思いの深さについて考えさせていきたい。どんなときでも見放さずに自分のことを思っている家族の愛情に対して、自分も家族のために何かできないかと考えさせていきたい。

④役割演技活用の意図

一人一人の児童が、家族の深い愛情を考えることができるように、由紀役と母親役で役割演技をさせる。由紀に自我関与することで、家族の思いに気付いて自らも家族の思いに応えたいという思いを考えられるようにする。

⑤展開の大要（主な発問○と留意点＊）

1　自分の生活を振り返させながら、ねらいとする道徳的価値へ意識を方向付ける。
○親と言い合いになってしまったとき、どんな思いになりますか。

2　『卵焼き』を視聴し、「家族の思い」について考える（スライド・ＢＧＭ）。
○ふとんの中にもぐり込んだ由紀は、どんな思いだったでしょうか。
○卵焼きを食べながら涙を流していた由紀は、どんな気持ちだったでしょうか。
＊一人で弁当を食べた由紀の気持ちを押さえてから発問に入る。
＊「美味しい」という発言が出たときは、いつもの卵焼きと比べて考えさせる。
◎由紀が母親の言葉を聞いてどんな思いをもったか考えましょう（役割演技）。
＊「恩返し・感謝」に関する発言が出た場合は、「卵焼き」を入れてもらったことだけの感謝や恩返しなのかを問いかけ、「家族の愛情」に視点を広げて考えさせる。

3　「家族の思いを感じた」自分の体験を思い出し、そのときの気持ちを振り返る。
○あなたが家族の思いを感じたとき、どのような思いになりましたか。

4　教師の説話を聞く。

⑥評価の視点（役割演技の評価）

由紀役と母親役を演じる中で、由紀に対する家族の思いを感じて、由紀が家族にどのような思いをもったかを自分事として考えることができたか。

⑦授業の実際（役割演技を中心に）

T　親と言い合いになってしまったとき、どんな思いになりますか

C　なんでいつもぼくのほうだけ悪くなるんだって、頭にきてイライラする。

C　こっちの気持ちをどうして分かってくれないのっていう感じ。

T　おうちの人はみんなに対してどんな思いをもっているか、心の中で考えてみましょう。

T　「家族の思い」について考えていきましょう。主人公由紀の気持ちを考えながら『卵焼き』を聞きましょう。

T　ふとんの中にもぐり込んだ由紀は、どんな思いだったでしょうか。

C　ひどい。せっかくの遠足なんだから言うことを聞いてほしい。

C　なんで、気持ちを分かってくれないの。

T　卵焼きを食べながら涙を流していた由紀は、どんな気持ちだったでしょうか。

C　なんで、卵焼きが入っているんだろう。
C　お母さん、ありがとう。
C　自分の気持ちを分かってくれたんだ。うれしい。
C　美味しい。
T　「美味しい」というのは、いつもの卵焼きと比べてということですか。
C　いつもと同じ卵焼きだけれど、いつもの卵焼きとはまた違う美味しさがある。特別な感じ。
T　念願の卵焼きが入っていたのに、一人で食べたというのは、どういう思いからでしょうか。
C　入っていると分かって、自分の思いをお母さんが分かってくれたうれしい気持ちがいっぱいで…。
C　早く帰ってお礼を言いたい。
T　母親の言葉を聞いて、由紀はどんな思いをもったか考えましょう。
T　**条件設定**　では、二人組になって、片方が由紀役、片方が母親役になって役割演技をします。

先生が合図をしたら、役割を交代します。由紀役は、こちら側の人です。手を挙げてください。母親役の人はこちら側の人です。手を挙げてください。
まず、由紀の「母ちゃん、卵、どうしたん」（黒板に言葉を掲示）から始めてください。お母さん役の人はそれに答えてください。先生の合図があるまで、互いに話を続けてください。それでは、スタート。

即興的演技 ▶ Aグループ ▶

C_A 母ちゃん、卵、どうしたん。
C_B お父ちゃんが卵をもらいに行ってくれたんだよ。
C_A どうして？
C_B あんなにほしがっている姿見て、かわいそうになったんだよ。
C_A あんなに怒っていたのに。
C_B 子どものためにはどうにかしなきゃって。
C_A やさしいね。
C_B 子どもだからそのぐらいはしないとね。
C_A ありがとう。

Bグループ

C_D　母ちゃん、卵、どうしたん。

C_E　お父ちゃんが卵をもらいに行ってくれたんだよ。

C_D　お父さん、優しい。

C_E　お母さんも、お父さんが行ってくれなかったら、行くつもりだったよ。

C_D　本当に。うれしい。

C_E　喜んでもらえて、つくってよかった。

C_D　恩返しをしたい。

役割交代

T　では、そこまで。今度は役を交代して行います。由紀役だった人はお母さん役、お母さん役だった人は、由紀役をやります。まず、由紀が、「母ちゃん、卵、どうしたん」から始めてください。

C_B　母ちゃん、卵、どうしたん。

C_A　お父さんが由紀のために卵を遠いところまでもらいに行ってくれたんだ。

C_B　遠いところまでわざわざ行ってくれたの。

C_A　そうだよ。

C_B そこまでしてくれて、すごくうれしい。
C_A 喜んでもらえたならよかった。
C_B すごくうれしかったし、卵焼きがすごく美味しかった。
C_A お父さんもきっと喜ぶよ。
C_B お父さんのために何かしたいな。

Cグループ

C_E 母ちゃん、卵、どうしたん。
C_D お父さんが、由紀が寝た後にもらいに行ってくれたんだよ。
C_E なんで?
C_D 由紀がずっと卵焼きをほしがっていたからだよ。
C_E 気持ちを分かってくれたんだね。
C_D そうだね。願いをかなえてあげたかったんだよ。
C_E 私、幸せ者だな。

演技の終了と話合い

T はい。そこまで。
T 両親の思いを知った由紀は、どのような思いだったでしょうか。

C　自分のためにこんなにしてくれたんだ。
C　お父さんとお母さんに感謝したい。
T　卵焼きを弁当に入れてくれたからですか。
C　それはもちろんだけど、自分のために遠くまでもらいに行ってくれたから。
C　自分は幸せ者だなあ。
T　幸せ者。そのことを詳しく教えてください。
C　卵がなかなか手に入らないときだから、無くても仕方がないのに、自分のために親が卵焼きを弁当に入れるために遠くまで行ってくれたから。

C　親に恩返しをしたい。
T　もう少し詳しく教えてください。
C　自分のために親がやってくれたから、自分も何か親のためにしたい。
T　今日は、「家族の思いを感じて」ということを考えてきました。みなさんもおうちの人の思いを感じたことがあると思います。あなたが家族の思いを感じたとき、どのような思いになりましたか。ワークシートに書きましょう。

（以下略）

（田上由紀子）

第6学年の役割演技

実践事例11　A「善悪の判断、自律、自由と責任」の授業実践

①主題名　本当の自由　（内容項目：A「善悪の判断、自律、自由と責任」）

②ねらいと教材

ア　ねらい　自由には規律が伴うことを理解し、規律ある行動をしようとする態度を育てる。

イ　教材　『うばわれた自由』（出典：文部科学省「私たちの道徳5・6年」）

③主題設定の理由（指導観）

ア　ねらいとする道徳的価値について【価値観】

人間は誰でも、何ものにもとらわれずに自由に暮らしたいと願っている。自己を高めていくには、何ものにもとらわれない自由な考えや行動が大切である。しかし、その自由は、内から自覚された責任ある規律が伴った生き方をしていくことで成り立つ

ものであり、放縦とは異なる。また、社会集団の中で、それぞれが自分勝手に行動していては、社会生活そのものが成り立たない。社会的なきまりや秩序を守るためにも規律が必要となってくる。その規律を窮屈だと感じるのではなく、誰もが自由であるために必要なことであると感じることが大切である。

そこで、自由には規律が伴うことを理解し、規律ある行動をしようとする態度を育てるために、自由を大切にするよさや難しさを考えさせたい。

イ　児童の実態について【児童観】

自由を大切にするよさや難しさを考えさせるために、以下のような指導を行った。

■社会科

日本国憲法の学習では、憲法に規定されている様々な自由を尊重し実現していくことのよさや難しさを、具体的な事例を基に考えさせた。

■学校行事（移動教室）

移動教室での自由時間の過ごし方をグループで考える活動に際して、自他の自由を尊重した事例を紹介し、自由を大切にするよさや難しさを実感できるようにした。

また、日常の指導では、休み時間や放課後の過ごし方で自他の自由を大切にしたり、規律ある行動をしたりしている児童の様子を取り上げ、称賛した。

これらの指導により、自他の自由な判断や行動を大切にしようとする児童が多くなってきた。一方で、自分の都合で規律を保てない状況も見られる。そこで、改めて自由を大切にするよさを考えさせるようにしたい。

ウ　教材活用について【教材観】

本時では、自由を大切にするよさを考えさせるために、児童を投獄されたジェラール王に自我関与させる。これまでの自分の行いを基に自由を大切にするよさをどう捉えるのかを、児童に自分事として考えさせる。その際に、後悔や反省に終始しないように、「自由を大切にするよさについてどのように考えていたか」と、考える方向性を明確にする。また、ともすると自由と自分勝手を混同してしまいがちな人間の弱さを、森で狩りをしたジェラール王子に自我関与して考えさせる。

④役割演技活用の意図

一人一人の児童が、本当の自由についてどのような考えをもっていたのかを自覚できるようにするために、自由と自分勝手という混同しがちな考えについて、違いを想像できるような役割演技を通して、ジェラールに自我関与できるようにする。

⑤展開の大要（主な発問○と留意点＊）

1　「自由」の捉え方を発表し合い、ねらいとする道徳的価値へ意識を方向付ける。

○「自由」とはどういうことだと思うか。

2　『うばわれた自由』を読み、自由を大切にするよさを考える。

○ジェラール王子は、どんな気持ちで狩りをしていたのか。

＊自由と自分勝手を混同しがちな気持ちを自分事として考えさせる。

○ガリューの話を聞いたジェラール王子は、どんな気持ちだったか。

＊教師がガリュー役になってジェラール役の児童に問いかけ、考えさせる。

◎ジェラール王は、本当の自由を大切にするよさをどのように考えていたか。

＊ジェラールとガリューを演じて、本当の自由を大切にするよさを多角的に考えられるようにする（役割演技）。

＊即興性を重視するとともに、観衆の児童に対して演技を見る視点を明示する。

3　「自由」に関わる自分の体験を思い出し、そのときの気持ちを振り返る。

○今までの生活で、「自分勝手にしないでよかった」と思うことはあるか。

4　福沢諭吉の言葉を聞いて、自由を大切にするよさを考える。

⑥評価の視点（役割演技の評価）

自分自身の本当の自由のよさについての考え方を基にして、ジェラールを即興的に演じたり、自分事として演技を見て考えたりすることができたか。

⑦授業の実際（役割演技を中心に）

T　ガリューは、どんな気持ちで注意をしていたのでしょうか。

C　いくら自分より偉い人でも、いけないことはいけないので注意しよう。

C　早くこの場から立ち去ってほしい。

T　それはどんな思いからですか。

C　早く立ち去ってくれないと、森の多くの動物たちが死んでしまうからです。

C　王子だからといって何でも許していたら、その王子を見て国の人たちが王子がわがままをしているんだから、自分たちもわがままをしていいと思って、国全体がわがまま放題の国になってしまうと思った。

T　ガリューは、ジェラールに「わがまま勝手で本当の自由とは申しません」と言いましたね。このとき、ジェラールはどんなことを考えたのでしょうか。

ウォーミングアップ　それでは、私がガリューになって問いかけますから、ジェラールになって答えてください。

T　あなたが言っている自由は、本当の自由とは申しません。それは、ただのわがまま勝手というものです。

C　王が死ねば、私が王になるのだから、私の好きなことをやっても私の国なので、別に何も困ることはない。

T　でも、他の人たちが困ります。多くの人たちが困るではないですか。

C　私は困らないので、それでいいんだ。

T　自分は困らないからでいいということですか（児童はうなずく）。ありがとう。

T　はい、○○さん。あなたが言っている自由は、本当の自由とは申しません。それは、ただのわがまま勝手というものです。

C　うるさい。耳障りだ。向こうに行け。

T　向こうへ行けと申されましても、多くの人々が迷惑をします。

C　そんなもの知らない。

T　あなたはそれでいいのですか。

C　（しばらく考えて）いい。

T 今の考えをまとめてみます。ジェラールは、自分の好きなようにする。自分さえよければそれでいい。そして、ガリューは捕まって、ろう屋に入れられてしまいます。その後、この国の王が亡くなって、ジェラールが王になります。そして、ジェラールは勝手気ままな暮らしを続けた結果、自分の家来の手で、ろう屋に入れられ、自由を奪われてしまいます。

条件設定

さて、ろう屋の中でジェラールとガリューが出会います。そして、いろいろな話をしたことと思います。そこで、ジェラールとガリューになって、本当の自由を大切にするよさについて話し合ってもらいます。ジェラールとガリューを演じながら、本当の自由について考えたいと思います。それでは、C_Aさん、C_Bさん、前に出てきてください。（教師が、C_A児の首にカードをかけながら）今は、C_Aさん、C_Aさん、C_Aさん、ジェラール、もうC_Aさんではありません。（C_B児の首にカードをかけながら）今は、C_Bさん、C_Bさん、C_Bさん、ガリュー。本当の自由について話し合ってもらいます。いいですか。それでは用意スタート。

即興的演技

C_B　本当の自由はどんなことか、分かりましたか。
C_A　ようく考えてみたら分かりました。
C_B　あなたは、本当の自由はどういうことだと思いますか。
C_A　ルールを守らない自由は、やっぱりいけないなあと、君に会って分かりました。
C_B　今までの生活を変えられますか。
C_A　（少し考えて）変えられます。
T　**演技の中断と話合い**　はい、それではここで一度、止めてみましょう。では、今、演技をした人に聞いてみます。ジェラールはガリューの話を聞いてみて、どんな感想をもちましたか。
C_A　初めてガリューに会ったときに、きちんとガリューの意見を取り入れていればこんなことにはならなかったと思うし、もしあのときにガリューに会わなければ、本当の自由はまだ分からなかったと思いました。
T　ガリューはジェラールの話を聞いて、どんな感想をもちましたか。
C_B　ジェラールが王様になってろう屋に入れられたけど、ろう屋から出されたら、ちゃんとした王様になれると思うし、最初にジェラールに会ったときも、ちゃんと話せば分かってくれたんじゃないかと思いました。

T　そうすると、最初からそんなに悪い考えをもっていた人ではないということですか（C_Bはうなずく）。見ていた人どうですか。「ジェラールはこんなことを考えたのではないかな」ということはありますか。

C　自分が今まで好き勝手にしてたことを変えて、きまりを守って生活することは大変だと思いました。

C　注意されたときジェラールは、自由の意味を勘違いしていたけど、ようやく自由の意味が分かってきたので、これから自由を実行することができると思います。

T　**役割交代**　では、今度は役を代えてやってみます。

C_A　自分勝手なことをして捕らわれたのですよね。

C_B　自分が自由だと思っていたことは自分勝手でした。

C_A　君はどういうことが本当の自由だと思っているのですか。

C_B　国のきまりを守り、一人一人が自分勝手な行動をとらず、みんなでいい国になるためにいろいろとできることが本当の自由だと思います。

T　**演技の終了と話合い**　（教師がカードを外して）今、ガリューとジェラールの両方を演じてもらいましたが、感想を聞いてみます。どちらが演じやすかったですか。

C_B　ガリューのほうがやりやすかった。

T　それはどうしてですか。

C_B　心の温かい人だったし、最初から自由ということが分かっていたから。

T　C_Aさんはどうですか。

C_A　どちらかと言えば、ジェラールのほうがやりやすかった。

T　それはどうしてですか。

C_A　はじめは自由に対して間違った考えをもっていたけど、ガリューの話を聞いて、本当の自由とはどういうものかが分かったから、ジェラールのほうがやりやすかった。

T　はい、ありがとうございました。席に戻りましょう（拍手）。今、出たのは、自分勝手な行動をしない、自由はルールを守ることが前提ということが出てきましたが、ジェラールは本当の自由を大切にするよさをどのように考えていたでしょうか。

C　一つのグループだけではなく、みんながとてもよい暮らしができることが本当の自由だと思います。

C　一部の人だけが自由ではだめだと思います。

（以下略）（赤堀博行）

第6学年の役割演技

実践事例12　C「公正、公平、社会正義」の授業実践

①主題名　正義の実現（内容項目：C「公正、公平、社会正義」）

②ねらいと教材

ア　ねらい　誰に対しても差別や偏見をもつことなく、社会正義の実現に向けて努力する態度を育てる。

イ　教材　『杉原千畝―大勢の人の命を守った外交官―』（出典：日本文教出版「小学道徳　生きる力6年」）

③主題設定の理由（指導観）

ア　ねらいとする道徳的価値について【価値観】

社会正義は、人として行うべき道筋を社会に当てはめた考え方で、私心にとらわれず、誰に対しても分け隔てなく接し、偏ったものの見方や考え方を避けるように努め

ることが大切になってくる。社会正義の実現には、一人一人がかけがえのない人間として尊重されることが大前提となる。しかし、社会正義を妨げるものに、人々の差別や偏見がある。これらの考え方は、人をおとしめて優越感を得たり、集団や社会の一員として関係ないと思い、見て見ぬふりをしたりするという人間の弱さが起因していることがよくある。正義の実現のためには、同調圧力に流されないで、自分の確固とした態度をとれるようにすることが求められる。

そこで、誰に対しても差別や偏見をもつことなく、社会正義の実現に向けて努力する態度を育てるために、正義を実現するよさや難しさを考えさせたい。

イ　児童の実態について【児童観】

正義を実現するよさや難しさを考えさせるために、以下のような指導を行った。

■社会科

江戸時代の幕末の政治と人々の暮らしの学習では、士農工商の身分について、正義の実現と結び付けて指導した。低い身分の人たちを調べて差別はよくないということを考える姿や、身分として決まっていると不平を声に出しづらいということを考える姿が見られた。

■日常の指導

話合い活動で意見をまとめるときは、多数決ではなく、どの児童も納得できるように意見をまとめていくように声を掛け、指導している。少数派の意見の児童を気遣ったり、折衷案を出したりするなど、周りのことを考えて意見を出す姿が見られるようになってきた。

以上のような実態から、正義を実現するよさを理解している児童は増えてきている。ただ、なかなかできずに差別しそうになったり、偏った見方をしてしまったりする姿も見られる。正義を実現することの難しさを自分事として見つめ、その上で、改めて正義を実現することのよさを考えさせたい。

ウ　教材活用について【教材観】

正義を実現することのよさを考えさせるために、児童を杉原千畝に自我関与させる。ビザを発行し、命を救う道を選んだ千畝が正義を実現することで感じられるよさを児童に自分事として考えさせる。ただ、ビザを発行すると日本政府から罰せられるかもしれないというリスクも伴っている。千畝の中にあった日本政府からの罰を受けてもビザを発行するのか、言いつけを守るかどうか、正義の実現の難しさについても考えさせる。

④役割演技活用の意図

社会正義を実現するには、どのような考えが必要かを児童が自覚できるようにするために、誰に対しても差別をすることなく正義を実現しようとする考えと同調圧力に流されてしまいそうになる考えを想像できるような役割演技の二重自我法を通して、杉原千畝に自我関与できるようにする。

⑤展開の大要（主な発問○と留意点＊）

1　杉原千畝について紹介し、ねらいとする道徳的価値へ自覚を深めることに向けて動機付けを行う。

○杉原千畝さんを知っていますか。

2　『杉原千畝―大勢の人の命を守った外交官―』を読み、正義を実現するよさについて考える。

○千畝が「許可を出すことはできません」と言うしかないとき、どんな気持ちだったか。

＊命を守りたい気持ちはあるけれども、規則を守ると日本とドイツの関係を悪くし

てしまうかもしれないということを自分事として考えさせる。
◎日本政府からビザを発行する許可が出ずに悩んでいたとき、千畝はどんなことを考えていたか。
＊日本政府の言いつけを守ろうとする千畝とビザを発行しようとする千畝を演じて、正義を実現するよさについて多面的に考えられるようにする（役割演技）。
＊即興性を重視するとともに、観衆の児童に対して演技を見る視点を明示する。
3 「社会正義を実現している人」について自分の見聞きしたことを思い出し、そのときの気持ちを振り返る。
○今まで社会正義を実現している人を見たり、聞いたりしたことはありませんか。そういった人に出会ったら、あなたはどんな気持ちになりますか。

⑥評価の視点（役割演技の評価）

自分自身の社会正義を実現するよさや同調圧力に流されてしまいそうになることについての考えを基にして、千畝を即興的に演じたり、自分事として演技を見て考えたりすることができたか。

⑦授業の実際（役割演技を中心に）

T　千畝が「許可を出すことはできません」と言うしかなかったとき、どんな気持ちだったのでしょうか。

C　つらいけれど、仕方ない。

C　ドイツを裏切るようなことはできない。

C　迷ってしまう。

T　どんな迷いですか。

C　日本とドイツの関係を悪くしたくないけれど、このままだと命を助けられない。

C　ビザを発行したら、自分（千畝）も処罰されてしまうかもしれない。

T　千畝は悩んでいましたね。では、日本政府からビザを発行する許可が出ずに悩んでいたときの千畝は、どんなことを考えていたのでしょうか。

ウォーミングアップ　みなさんは、千畝になりましょう。ビザを発行するには、許可が必要ですから、「許可する」と書いてみましょう。

C　（それぞれが机に指で「許可する」と書く）

T　（画像を見せながら）許可することを書いたら、判子を押しますよね。では、みなさんもギュッと判子を押してみましょう。

C　（それぞれに手に判子を持ったつもりで判子を押す）

T　みなさん、外交官になってきましたね。

条件設定　では、千畝の中での千畝同士の会話をしていきます。千畝の中では、ビザの発行をやめようとする千畝とビザを発行しようとする千畝がいます。そこで、二人の千畝になって、正義を実現するよさについて話し合ってもらいます。

それでは、C_Aさん、C_Bさん、前に出てきてください。（教師が、C_A児の首にカードをかけながら）今は、C_Aさん、でもこのカードをかけたら、ビザを発行するのをやめようとする千畝ですよ。もうC_Aさんではありません。今は、C_Bさんですが、（C_B児の首にカードをかけながら）はい、ビザを発行しようとする千畝です。正義を実行することについて話し合ってもらいます。見ているみなさんは、自分が千畝だったらどう思うかを考えながら見るようにしましょう。いいですか。それでは用意スタート。

即興的演技

C_B　ビザを発行しましょう。

C_A　しかし、自分も処罰されてしまうかもしれませんよ。

C_B　このままでは、ユダヤ人は殺されてしまいますよ。

C_A　でも、自分のことも大切にしたいじゃないですか。
C_B　今なら多くの命を助けることができます。
C_A　日本は許可するなって言っていますよ。
C_B　目の前の命を助けることが大事でしょ。
T　**演技の中断と話合い**　そこまで。では、演技をした二人に聞いてみます。ビザを発行するのをやめようとする千畝は、どんな感想をもちましたか。
C_A　自分のことが大事になって、なかなかビザを発行しようという思いがもてませんでした。
T　ビザを発行しようとする千畝は、どんな感想をもちましたか。
C_B　目の前の命を助けることができるのなら、絶対助けたいと思いました。自分のことは後にしてでも助けたいです。
T　なるほど。見ていた人どうですか。
C　「今なら命を助けることができる」という考えにそうだなと思いました。このままビザを発行しないと、モヤモヤが残ると思います。
C　自分のことを大切にしたいのも分かるけれど、ビザを発行しないと後悔しそう。

T　**役割交代**　では、今度は役を交代しましょう。

C_A　ビザを発行しましょう。

C_B　いや、でも勝手に発行したら、日本やドイツに責められますよ。

C_A　このままだと、子どもを含めた多くの人が殺されてしまいますよ。

C_B　でも、ビザを発行したら、自分自身が処罰されてしまうかもしれませんよ。

C_A　平和のためなら仕方ないよ。

T　**演技の終了と話合い**　（教師がカードを外して）さて、ビザを発行するのをやめようとする千畝と発行しようとする千畝の両方を演じてもらいましたが、どちらのほうが演じやすかったなどありますか。

C_A　ビザを発行しようとする千畝のほうがやりやすかった。

T　どうしてそう思いますか。

C_A　殺されてしまうなんて許されないことだし、助けたいって思って。

T　なるほど。C_Bさんはどうですか。

C_B　ビザを発行しようとする気持ちは分かりましたが、発行するのをやめようという気持ちもよく分かりました。

T　詳しく話せますか。

C_B　命を助けたいという思いはありましたが、ドイツから責められたり、日本（政府）から処罰されたりするのは嫌だなと考えちゃいました。

T　なるほど。ありがとうございました。席に戻りましょう（拍手）。見ているみなさんはどんなことを考えましたか。

C　ドイツに責められたら、日本もドイツに攻撃されることになるかもしれないから、ビザを発行するのは難しいことだと思いました。

C　ビザを発行しないことで犠牲者が増えたら嫌だな。

C　でもこのままだと、多くの命が失われるから、助けられるなら助けたいと思いました。

C　差別されて殺されてしまう人たちがひどすぎるし、助けたほうが気分がいい。

C　もし、自分が処罰されても、ユダヤ人の人たちの中に感謝されるような、何か残せるかもしれないし、命を助けることで、自分でいいことをしたって思いたい。

（以下略）

（坂田勇）

おわりに

学習指導要領に道徳科の指導方法の工夫として、児童の発達の段階や特性等を考慮し、指導のねらいに即して、問題解決的な学習、道徳的行為に関する体験的な学習等を適切に取り入れるなど指導方法の工夫が例示されて以来、役割演技は、これまでに増して、多くの道徳科の授業で活用されるようになりました。

指導方法の工夫は、「指導のねらいに即すること」「適切に取り入れること」が必須です。これらの必須要件を言い換えれば、道徳科の特質を生かすことです。つまり、道徳科における指導方法の工夫は、道徳的諸価値についての理解を基に、自己を見つめ、物事を多面的・多角的に考え、自己の生き方についての考えを深める学習の充実に資することを意図しなければ無意味なものになるということです。

昨今、道徳科の特質を前提とすることなく、指導方法の技術に終始して、「指導のねらいに即すること」「適切に取り入れること」を前提としない指導の手立てが講じられている学習指導案、また、授業を散見することが少なくありません。

解説には、学習指導の多様な展開として、道徳科に生かす指導方法の工夫が示されています。具体的には、教材を提示する工夫、発問の工夫、話合いの工夫、書く活動の工夫、動作化、役割演技など表現活動の工夫、板書を生かす工夫、説話の工夫です。これらの工夫の根幹になるものは、道徳科の特質を前提とした教師の願いです。つまり、教師がねらいとする道徳的価値に関して、児童に何を考えてほしいのか、指導観を明確にすることなしに、指導方法が機能することはないでしょう。

役割演技の活用は、表現活動の工夫として例示されています。道徳科における表現活動は、多岐にわたり、指導の工夫も多様ですが、役割演技の活用は、その特質を理解した上で工夫することが必要です。

本書は、役割演技の基本的な考え方と、役割演技を活用した具体的な授業例を掲載しています。授業例は、いずれも、授業者の明確な指導観を基に展開されています。明確な指導観を主題設定の理由に示し、役割演技活用の意図を明示して実際の授業の概要を紹介しています。読者の皆様から、これらの内容についてのご意見、ご感想を頂戴できれば幸甚です。各学校において、道徳科の特質を生かした効果的な授業構想に、本書が生かされることを期待しています。

赤堀　博行

[編著者・執筆者紹介]

■編著者

赤堀 博行　帝京大学教育学部教授

昭和35年東京都生まれ。都内公立小学校教諭、調布市教育委員会指導主事、東京都教育庁指導部義務教育心身障害教育指導課指導主事、同統括指導主事、東京都知事本局企画調整部企画調整課調整主査（治安対策担当）、東京都教育庁指導部指導企画課統括指導主事、東京都教育庁指導部主任指導主事（教育課程・教育経営担当）、文部科学省初等中等教育局教育課程課教科調査官・国立教育政策研究所教育課程研究センター研究開発部教育課程調査官を経て、現職。教諭時代は、道徳の時間の授業実践、生徒指導に、指導主事時代は、道徳授業の地区公開講座の充実、教育課程関係資料の作成などに尽力する。この間、平成４年度文部省道徳教育推進状況調査研究協力者、平成６年度文部省小学校道徳教育推進指導資料作成協力者「うばわれた自由（ビデオ資料）」、平成14年度文部科学省道徳教育推進指導資料作成協力者「心のノートを生かした道徳教育の展開」、平成15年度文部科学省生徒指導推進指導資料作成協力者「非行防止教育実践事例集」、『小学校学習指導要領（平成29年告示）解説　特別の教科道徳編』の作成に関わる。主な著作物に『道徳教育で大切なこと』『道徳授業で大切なこと』『「特別の教科　道徳」で大切なこと』『道徳の評価で大切なこと』『道徳的価値の見方・考え方』『中学校教師１年目のための道徳の基本』（東洋館出版社）、『心を育てる要の道徳授業』（文溪堂）、『道徳授業の発問構成』（教育出版）などがある。

■執筆者（令和７年１月現在）

野村 美里　東京都渋谷区立渋谷本町学園小学校（事例１）
富樫 莉恵子　東京都杉並区立八成小学校（事例２）
佐伯 純　東京都八王子市立横山第二小学校（事例３）
笹川 皓紀　東京都板橋区立下赤塚小学校（事例４）
高橋 晶子　東京都渋谷区立鳩森小学校（事例５）
安村 侑記　東京都世田谷区立松丘小学校（事例６）
小島 嘉之　埼玉県上尾市立大石北小学校（事例７）
鈴木 貴代美　東京都荒川区立峡田小学校（事例８）
伊藤 育美　東京都大田区立小池小学校（事例９）
田上 由紀子　東京都小金井市立緑小学校（事例10）
坂田 勇　東京都世田谷区立砧南小学校（事例12）

※事例11は編著者が執筆

役割演技

考え、議論する道徳を彩る

2025（令和７）年３月７日　初版第１刷発行

編著者　　赤堀博行
発行者　　錦織圭之介
発行所　　株式会社　東洋館出版社
〒101-0054 東京都千代田区神田錦町２丁目９番１号
コンフォール安田ビル２階
代　表 TEL：03-6778-4343　FAX：03-5281-8091
営業部 TEL：03-6778-7278　FAX：03-5281-8092
振替 00180-7-96823
URL　https://www.toyokan.co.jp

［装　丁］志岐デザイン事務所（小山巧）
［組　版］株式会社明昌堂
［印刷・製本］株式会社シナノ

ISBN978-4-491-05791-0　Printed in Japan

JCOPY 〈㈳出版者著作権管理機構委託出版物〉
本書の無断複写は著作権法上での例外を除き禁じられています。複写される場合は，そのつど事前に，㈳出版者著作権管理機構（電話 03-5244-5088，FAX03-5244-5089，e-mail：info@jcopy.or.jp）の許諾を得てください。